LOS
ATRIBUTOS
DE DIOS

A.W. TOZER

LOS ATRIBUTOS DE DIOS

VOLUMEN UNO

— con guía de estudio —
por
DAVID E. FESSENDEN

CASA
CREACIÓN

La mayoría de los productos de Casa Creación están disponibles a un precio con descuento en cantidades de mayoreo para promociones de ventas, ofertas especiales, levantar fondos y atender necesidades educativas. Para más información, escriba a Casa Creación, 600 Rinehart Road, Lake Mary, Florida, 32746; o llame al teléfono (407) 333-7117 en Estados Unidos.

Los atributos de Dios volumen uno con guía de estudio
por A. W. Tozer
Publicado por Casa Creación
Una compañía de Charisma Media
600 Rinehart Road
Lake Mary, Florida 32746
www.casacreacion.com

Traducido por: María Mercedes Pérez, María del C. Fabbri Rojas y María Bettina López.
Coordinación, revisión de la traducción y edición:
María del C. Fabbri Rojas
Director de diseño: Bill Johnson

Library of Congress Control Number: 2013934435
ISBN: 978-1-62136-168-8
E-book ISBN: 978-1-62136-174-9

Impreso en los Estados Unidos de América
18 19 20 21 22 * 11 10 9 8 7 6

Contenido

1. La infinitud de Dios 1

2. La inmensidad de Dios 17

3. La bondad de Dios...........................37

4. La justicia de Dios 55

5. La misericordia de Dios.....................71

6. La gracia de Dios 91

7. La omnipresencia de Dios 109

8. La inmanencia de Dios 127

9. La santidad de Dios........................145

10. La perfección de Dios......................163

    Notas finales 183

    Notas de la traducción....................185

Capítulo 1

La infinitud de Dios

Si, pues, habéis resucitado con Cristo, buscad las cosas de arriba, donde está Cristo sentado a la diestra de Dios. Poned la mira en las cosas de arriba, no en las de la tierra. Porque habéis muerto, y vuestra vida está escondida con Cristo en Dios (Colosenses 3:1-3).

Las últimas palabras de este versículo constituirían un buen sermón para cualquiera: "Vuestra vida está escondida con Cristo en Dios". Quisiera remitirme a un libro escrito hace seiscientos años y citar algunas cosas que entrelazaré en este mensaje sobre el viaje hacia el corazón de Dios: "con Cristo en Dios".

El viaje hacia el infinito

Este libro fue escrito por *lady* Juliana de Norwich, una mujer muy piadosa.

Quiero citar lo que esta señora dijo sobre la Trinidad: "Súbitamente la Trinidad llenó mi corazón de gozo. Y entendí que así sería en el cielo, por la eternidad". Esto va más allá del cielo utilitario al cual anhela ir la mayoría de la gente, donde tendrá todo lo que quiera: una casa de dos pisos, dos coches y una fuente, una piscina y calles de oro. *lady* Juliana vio que el cielo será el cielo porque la Trinidad llenará nuestros corazones con "gozo sin fin", ya que la Trinidad es Dios y Dios es la Trinidad. La Trinidad es nuestro Hacedor y nuestro Guardador, nuestro amor eterno y gozo y felicidad sin fin.

Todas estas cosas caracterizaban a Jesucristo, y como dijo Juliana: "Donde aparece Jesús se entiende la bendita Trinidad". Debemos comprender en nuestras mentes y corazones que Jesucristo es la manifestación total y completa de la Trinidad: "El que me ha visto a mí, ha visto al Padre" (Juan 14:9). ¡Él mostró la gloria del trino Dios, todo lo que hay de Dios! Donde aparece Jesús, está Dios. Y cuando Jesús es glorificado, Dios lo es.

No citaría a nadie a menos que hubiera una escritura que lo confirme, y la Escritura de hecho confirma que la Trinidad llenará nuestros corazones: "Nadie ha visto jamás a Dios. Si nos amamos unos a otros, Dios permanece en nosotros, y su amor se ha perfeccionado en nosotros. En esto conocemos que permanecemos en Él, y Él en nosotros, en que nos ha dado de su Espíritu" (1 Juan 4:12–13). Allí tiene al Padre y al Espíritu. "Y nosotros hemos visto y testificamos que el Padre ha enviado al Hijo, el Salvador del mundo. Todo aquel que confiese que Jesús es el Hijo de Dios, Dios permanece en él, y él en Dios" (1 Juan 4:14–15). Allí tiene al Padre y al Hijo, o a la Trinidad.

"Mas no ruego solamente por éstos, sino también por los que han de creer en mí por la palabra de ellos, para que todos sean uno; como tú, oh Padre, en mí, y yo en ti, que también ellos sean uno en nosotros; para que el mundo crea que tú me enviaste" (Juan 17:20–21). ¿Cree usted en Jesucristo por la palabra de los apóstoles? De ser así, entonces Jesús dijo aquí claramente: "Oro para que todos sean uno como el Padre es en mí y yo en Él, que ustedes sean uno en nosotros. Yo en ustedes y el Padre en mí".

El otro día escuché a un hombre hacer esta oración: "Oh, Dios, tú eres la verdad; hazme uno contigo en amor eterno. Con frecuencia me preocupo al leer y oír muchas cosas, pero en ti está todo lo que quisiera tener y podría desear". La Iglesia saldrá de su estancamiento cuando nos demos cuenta de que la salvación no es solo una lámpara, que no es solo una póliza de seguro contra el infierno, sino una puerta hacia Dios y que Dios es todo lo que tendremos y podremos desear. De nuevo cito a Juliana: "Vi que Dios es para nosotros todo lo que es bueno y confortable. Él es nuestro abrigo; su amor nos envuelve y nos rodea con su ternura, Él nunca nos dejará, y es para nosotros todo lo que es bueno".

El cristianismo es una puerta hacia Dios. Y entonces, cuando usted entra en Dios, "con Cristo en Dios", está en un viaje hacia lo infinito, a la infinitud. No hay límites ni lugar para detenerse. No hay solamente una obra de la gracia, ni una segunda o tercera, y eso es todo. Hay *innumerables* experiencias y épocas y crisis espirituales que pueden ocurrir en su vida mientras usted viaja hacia el corazón de Dios en Cristo.

¡Dios es infinito! Ese es el pensamiento más difícil que le pediré que capte. Usted puede no entender lo que significa infinito, pero no deje que eso lo moleste; ¡yo no lo entiendo!

y estoy tratando de explicárselo a usted! "Infinito" implica mucho más de lo que cualquiera podría captar, pero sin embargo la razón se inclina y reconoce que Dios es infinito. Con infinito queremos significar que Dios no tiene límites, frontera ni final. Lo que Dios es, lo es sin límites. Todo lo que Dios es, lo es sin límites ni fronteras.

El infinito no puede ser medido

Debemos eliminar todo discurso descuidado en esto. Usted y yo hablamos sobre la riqueza ilimitada, pero no existe cosa semejante; usted puede contarla. Hablamos de energía ilimitada—que no siento tener en este momento— pero no existe tal cosa; usted puede medir la energía de un hombre. Decimos que un artista pasa por un dolor infinito con su cuadro. Pero no sufre molestias infinitas; solo hace lo mejor que puede y luego levanta sus manos y dice: "No está bien todavía, pero tengo que dejarlo así". A eso nosotros lo llamamos molestias infinitas.

Pero ese es un uso equivocado de las palabras "ilimitado", "inagotable" e "infinito". Estas palabras describen a Dios: no describen otra cosa *sino* a Dios. No describen un espacio ni un tiempo ni una situación o un movimiento ni una energía; estas palabras no caracterizan a criaturas o arena o estrellas o cualquier cosa que pueda ser medida.

La medición es una manera que tienen los objetos creados de ser cuantificados. Por ejemplo, el peso es una forma en la que nos cuantificamos: por la fuerza gravitacional de la tierra. Y también tenemos distancia: el espacio entre cuerpos celestes. También está la longitud: extensión del cuerpo en el espacio.

Nosotros podemos medir cosas. Sabemos cuán grandes

son el sol y la luna, cuánto pesa la tierra y cuánto pesan el sol y otros cuerpos celestes. Sabemos aproximadamente cuánta agua hay en el océano. Parece algo sin límites para nosotros, pero sabemos la profundidad que tiene y podemos medirlo, de manera que no es para nada algo ilimitado. No hay nada ilimitado sino Dios, y nada infinito sino Dios. Dios existe por sí mismo y es absoluto; todo lo demás es contingente y relativo. No hay nada que sea lo suficientemente grande ni sabio ni maravilloso. Todo es relativo. Solo Dios no conoce medida.

El poeta dice: "Un Dios, una Majestad. No hay otro Dios, solo tú. Ilimitada, inextensa unidad". Por mucho tiempo me pregunté por qué él decía: "Ilimitada, *inextensa* unidad"; entonces me di cuenta de que Dios no se extiende en el espacio. C. S. Lewis dijo que si usted pudiera pensar en una hoja de papel extendida infinitamente en todas direcciones, y si tomara un lápiz e hiciera una línea de una pulgada de largo, eso sería el tiempo. Donde usted empieza a presionar el lápiz representa el comienzo del tiempo y donde lo levanta del papel, el fin del tiempo. Y alrededor, infinitamente extendido en todas direcciones, está Dios. Esa es una buena ilustración.

Si hubiera un punto en el que Dios se detuviera, no sería perfecto. Por ejemplo, si Dios supiera casi todo, pero no todo, no sería perfecto en conocimiento. Su entendimiento no sería infinito, como dice el Salmo 147:5.

Tomemos todo lo que puede ser conocido—pasado, presente y futuro, espiritual, físico y psíquico—en todo el universo. Y digamos que Dios sabe todo excepto un porcentaje: Él conoce el noventa y nueve por ciento de todas las cosas que pueden ser conocidas. Me daría vergüenza ir al cielo y mirar a la cara a un Dios que no lo supiera *todo*. Él debe saber todo o no puedo adorarlo. No puedo adorar a alguien que no es perfecto.

¿Y qué sucede con el poder? Si Dios tuviera todo el poder excepto un poquito, y hubiera algún otro que acaparara un poquito de ese poder que Dios no tuviera, entonces no adoraríamos a Dios. No podríamos decir que ese Dios tiene un poder infinito; solo estaría cerca de tenerlo. Aunque sería más poderoso que cualquier otro ser y quizás más poderoso que todos los seres del universo juntos, tendría un defecto, y por consiguiente no podría ser Dios. Nuestro Dios es perfecto: perfecto en conocimiento y en poder.

Si Dios tuviera bondad, pero hubiera un punto en el que Dios no fuera bueno, entonces no sería nuestro Dios y Padre. Si Dios tuviera amor, pero no todo el amor, sino solo noventa y nueve por ciento de amor—o quizás un porcentaje aún mayor—Dios todavía no sería Dios. Dios; para *ser* Dios, debe ser infinito en todo lo que es. No puede tener límites ni fronteras, nada que lo detenga, ningún punto que no pueda alcanzar. Si usted piensa en Dios o en algo relacionado con Dios tiene que pensar infinitamente respecto a Él.

Usted podría terminar con un calambre en la cabeza durante dos semanas después de intentar esto, pero sería una buena cura para este pequeño dios barato que tenemos ahora. Este pequeño dios barato que hemos inventado puede ser su compinche: "el de arriba", el que lo ayuda a ganar los juegos de béisbol. Ese dios no es el Dios de Abraham, de

Isaac y de Jacob. No es el Dios que puso los fundamentos del cielo y de la tierra; es otro dios.

Los estadounidenses cultos podemos fabricarnos dioses como hacen los paganos. Usted puede hacer un dios de plata, madera o piedra, o puede hacerlo en su propia imaginación. Y el dios que se adora en muchos lugares en simplemente un dios imaginario. No es el Dios verdadero. No es el Dios infinito, perfecto, omnisciente, sabio, todo amor, infinitamente ilimitado, perfecto. Es algo menos que eso. El cristianismo está en decadencia y se está hundiendo en la alcantarilla porque el dios del cristianismo moderno no es el Dios de la Biblia. No quiero decir que no oramos a Dios; me refiero a que oramos a un dios que es menos de lo que debería ser. Debemos pensar en Dios como el ser perfecto.

Dios se complace consigo mismo

Lo que diré a continuación podría sorprenderlo: Dios se complace consigo mismo y se regocija en su propia perfección. He orado, meditado, investigado y leído la Palabra durante demasiado tiempo como para retractarme de esto. Dios se complace en sí mismo y se regocija en su propia perfección. ¡La divina Trinidad se complace consigo misma! Dios se deleita en sus obras.

Cuando Dios creó los cielos y la tierra y todas las cosas que están sobre ella, dijo una y otra vez "y vio...que era bueno" (Génesis 1:4, 10, 12, 18, 21, 25). Luego Dios creó al hombre a su imagen y al contemplarlo dijo que era "bueno en gran manera" (1:31). Dios se regocijó en sus obras. Estaba contento de lo que había hecho.

La redención no es una tarea pesada para Dios. Él no se encontró de repente en problemas y tuvo que correr tratando de resolver algún asunto de "política exterior" con los arcángeles. Dios hizo lo que hizo gozosamente. Hizo los cielos y la tierra gozosamente. Es por eso que las flores miran hacia arriba y sonríen, las aves cantan y el sol brilla, el cielo es azul y los ríos fluyen hacia el mar. ¡Dios hizo la creación y amó lo que hizo!

Él se complace en sí mismo, en su propia perfección y en la perfección de su obra. Y cuando se trata de la redención, repito que no fue una tarea forzada que le impuso una necesidad moral. Dios quería hacerlo. Dios no tenía la necesidad moral de redimir a la humanidad. No tenía que enviar a su Hijo Jesucristo a morir por la humanidad. Lo envió, pero al mismo tiempo Jesús lo hizo voluntariamente. Si Dios estaba dispuesto, esa fue la feliz voluntad de Dios.

Una madre no tiene que levantarse para alimentar a su bebé a las dos de la madrugada. No hay ninguna ley que la obligue a hacerlo. La ley probablemente la obligará a cuidar al chiquillo, pero no tendría la obligación de darle ese amoroso cuidado que le brinda. Ella quiere hacerlo. Yo solía hacerlo por nuestros pequeños y lo disfrutaba. Una madre y un padre hacen lo que hacen porque les gusta hacerlo.

Lo mismo sucede con nuestro formidable, eterno, invisible, infinito, sabio, omnisciente Dios, el Dios de nuestros padres, el Dios y Padre de nuestro Señor Jesucristo y el Dios a quien llamamos "nuestro Padre que está en los cielos". Él es ilimitado e infinito; no puede ser pesado ni medido; no se le pueden aplicar la distancia, el tiempo ni el espacio, ya que Él hizo todas las cosas y todas las cosas en Él subsisten, en su propio corazón. Aunque se levanta por encima de todo, al mismo tiempo este Dios es un Dios amigable, agradable, y se deleita consigo mismo. El Padre se deleita en el Hijo: "Este es mi Hijo amado, en quien tengo complacencia" (Mateo 11:25). Y desde luego el Espíritu Santo se deleita en el Padre y en el Hijo.

La encarnación, además, no fue algo que Jesucristo hiciera a regañadientes, diciendo: "Odio esto; me encantaría poder librarme de esto". Uno de los queridos escritores de himnos antiguos dijo: "No aborreció el vientre de la virgen". El escritor pensó en esto y dijo: "Espera un minuto. ¿El vientre de una criatura? ¿Cómo puede ser que el Dios imperecedero, eterno, infinito, a quien el espacio no puede contener, esté confinado dentro de una de sus propias criaturas? ¿Eso no sería una humillación?" Luego sonrió y dijo: "No, Él no aborreció el vientre de la virgen", lo escribió, y lo hemos estado cantando durante centurias. La encarnación de la carne inmortal de Jesucristo no fue una tarea pesada. La segunda persona de la Trinidad, el Hijo imperecedero, el Verbo eterno hecho carne, ¡gozosamente! Cuando los ángeles cantaban respecto a la encarnación, cantaban con gozo.

Dios se complace en su obra

Y también se deleita en la salvación. Fíjese en Lucas 15:5 que cuando Jesucristo salva a un hombre, lo pone sobre sus hombros. ¿Y cuál es el verbo de este versículo? ¡*Regocijándose*! (BTX) Dios no solo se complace consigo mismo, se deleita en su propia perfección y está feliz con su obra de creación y redención, sino que también está entusiasmado. Hay entusiasmo en la Deidad, y hay entusiasmo en la creación.

Si no hubiera entusiasmo en la creación, pronto se deterioraría. Todo está hecho de átomos, protones, neutrones y electrones, cosas que no pueden permanecer estáticas, ¡ni por un segundo! Se disparan en todas direcciones a una velocidad tremenda, y los cuerpos celestes se mueven de la misma manera.

Los antiguos griegos llamaban al movimiento que ellos producen al atravesar el espacio "la música de las esferas". No creo que estuvieran muy equivocados. Creo que Dios cantaba cuando creaba las cosas. El movimiento y la velocidad de los cuerpos celestes, la obra de las pequeñas criaturas de la tierra para ablandar el suelo, la obra del sol sobre la tierra: todo esto es el gozoso obrar de Dios en su creación.

Se ve el entusiasmo en la creación; se ve en la luz. ¿Alguna vez se detuvo a pensar cómo sería todo si no hubiera luz? Si el Dios todopoderoso cubriera todos los cuerpos celestes y de repente apagara todas las luces que existen, a mí no me gustaría estar vivo. Me gustaría apagarme como un bombillo y pedirle a Dios que por favor me aniquilase, y no creo en la aniquilación. Imagine: ¡sin luz, ni velocidad, ni color ni sonido!

Algunas personas le temen al color. Creen que la espiritualidad consiste en ser gris. ¡Pero Dios hizo el color! Hizo toda clase de tonalidades. Mire el amanecer: ¿qué es eso, solo algo científico? ¿Cree usted que Dios salpicó el precioso cielo con rosas, guindas, azules y blancos y no estaba sonriendo mientras lo hacía? ¿Es un mero accidente de la naturaleza, científicamente explicado? ¡Entonces usted tiene mucho que aprender por su propio bien! Vacíe su cabeza y llene su corazón y así estará mucho mejor. El Espíritu Santo escribió 150 salmos y esos salmos celebran las maravillas de la creación de Dios.

En mi estado de Pensilvania los sinvergüenzas que especulan con el dinero compraron los derechos del carbón en ciertas secciones del estado. Crecí contemplando y amando preciosas colinas, hermosas laderas besadas por el sol, en ocasiones azuladas por místicas puestas de sol. Y los arroyos descendían hacia el río y luego hacia el mar. Todo era muy bello.

Pero volví a mi antiguo hogar años después y encontré que estos sujetos avaros no cavaron un hoyo para sacar el carbón; llevaron topadoras y removieron la parte superior de la tierra—árboles, césped, todo—para llegar al carbón. El resultado fue que miles y miles de acres—colinas enteras que se elevaban con su verdor para encontrarse con el azul del cielo—, yacían cortadas como una enorme tumba abierta. El estado de Pensilvania dijo: "Deben llenarlas o les pondremos una multa de $300". Y la gente minera se miraron unos a otros y a regañadientes pagaron los $300. Dejaron todo como estaba, y me fui de allí golpeado por el dolor de ver a mis preciosas colinas convertidas en enormes y horribles canteras de arena.

Regresé unos años más tarde, ¿y sabe lo que había hecho la naturaleza? La querida y ocupada madre naturaleza, entusiasta, amorosa, gozosa, comenzó a dibujar un verde velo sobre aquel horrible tajo. Y ahora si usted va verá que se ha curado. ¡El Dios todopoderoso está en ello! Deberíamos dejar de pensar como científicos y pensar como salmistas.

Este Dios infinito está disfrutando. Alguien la está pasando bien en el cielo, en la tierra, en el mar y en el firmamento. Alguien está pintando el cielo. Alguien está haciendo crecer los árboles donde había solo tajos un año

atrás. Alguien está haciendo que el hielo se derrita y baje
hacia el río y hace que los peces naden y las aves canten y
pongan sus huevos azules y construyan sus nidos y empo-
llen a sus crías. Alguien está haciendo funcionar el universo.

Cantar con júbilo

Y creo que sé quién es. Creo que es el Padre eterno, "fuerte
para salvar, cuyo poder gobierna los agitados mares". Creo
que es la Trinidad, nuestro Padre que está en los cielos y su
único Hijo Jesucristo, nuestro Señor. Dios la pasa bien en su
rol. Así que no pensemos más en Dios como alguien sombrío, con el ceño fruncido. Repito que cuando Dios hizo los
cielos y la tierra ellos cantaron juntos y todos los hijos de
Dios gritaron de júbilo. No hubo un funeral en la creación
del mundo; hubo un cántico. Toda la creación cantó.

En la encarnación cantaron. Algunas personas colocan
un paño mortuorio húmedo y pastoso sobre sus felices
bocas y dicen: "Los ángeles no *cantaban*: 'Paz en la tierra,
buena voluntad a los hombres'". De acuerdo con el griego,
ellos *decían*: "Paz en la tierra, buena voluntad a los hombres". Pero no se puede leer esto sin que algo empiece a moverse dentro de usted. Capte el ritmo; capte la música en
su corazón. "En la tierra paz, buena voluntad para con los
hombres", decían. Hubo canto en la encarnación.

Y luego en la resurrección también hubo canto. "Can-
taré de ti entre las naciones" (Salmo 57:9) dijo Jesús en el
salmo. En el Nuevo Testamento no se nos dice que Jesús
cantó cuando se levantó de entre los muertos. Pero el Antiguo Testamento predice que una de las primeras cosas que
haría Jesús sería cantar. Y una de las últimas cosas que hizo

antes de ir a morir fue cantar a coro con sus hermanos. ¡Me hubiera encantado oír ese himno!

¿Alguna vez se detuvo a pensar en el rapto? Va a ser algo que jamás ha sucedido. Tal vez usted podría estar caminando por la calle cuando oiga el sonido de la trompeta ¡y de repente será transformado! No sabrá qué hacer ni cómo actuar. Y las personas que yacen en sus tumbas, ¿qué harán? Sé lo que harán, ¡van a cantar! ¡Habrá canto en la consumación, en ese gran día!

"Y cantaban un nuevo cántico, diciendo: Digno eres de tomar el libro y de abrir sus sellos; porque tú fuiste inmolado, y con tu sangre nos has redimido" (Apocalipsis 5:9): ese es el tema de la nueva canción. El tema de esa nueva canción no es "Yo soy", es "Tú eres". ¡Note la diferencia! Cuando usted mira los himnos de Wesley, Montgomery y Watts, eran: "Tú eres, oh Dios, tú eres". Pero cuando miramos los himnos modernos, dicen: "Yo soy, yo soy, yo soy". Me enferma. De vez en cuando un buen himno con testimonios está bien, pero estamos exagerando. La canción del rapto será: "Tú eres digno, oh Dios".

> Y cantaban un nuevo cántico, diciendo: Digno eres de tomar el libro y de abrir sus sellos; porque tú fuiste inmolado, y con tu sangre nos has redimido para Dios, de todo linaje y lengua y pueblo y nación; y nos has hecho para nuestro Dios reyes y sacerdotes, y reinaremos sobre la tierra. Y miré, y oí la voz de muchos ángeles alrededor del trono, y de los seres vivientes, y de los ancianos; y su número era millones de millones (Apocalipsis 5:9-11).

Si usted puede escribir en una pizarra cuántos son, le pago la cena. ¿No es raro que los hombres tengan semejantes vigas en sus mentes que en vez de ponerse contentos por esto solo intenten entender quiénes son esos diáconos, ancianos, bestias y criaturas? Escriben libros sobre quiénes son y cómo son. ¿No es raro eso? ¿Cuán tonto se puede volver un erudito? Yo no sé nada de estas criaturas que se mencionan aquí. Búsqueme cinco minutos después del rapto y le contaré todo sobre ellas. Pero ahora solo quiero tomarlo por fe. "Nos ha hecho...reyes y sacerdotes", dijo Juan. Todas las criaturas respondieron: "el Cordero que fue inmolado es digno" (5:12). No decían: "Mírenme a mí. Soy maravilloso; estoy feliz, feliz, feliz". No: el Cordero, el Cordero es digno.

Esa es la consumación. La infinita Deidad nos invita a que vayamos a Él a compartir las intimidades de la Trinidad. Y Cristo es el camino.

La luna y la tierra giran de tal manera que solo vemos un lado de la luna y nunca vemos el otro. El eterno Dios es tan inmenso, tan infinito, que no puedo tener la esperanza de conocer todo lo que haya para saber de Él. Pero Dios tiene un lado enfocado hacia el hombre, así como la luna tiene un lado enfocado hacia la tierra. Así como la luna siempre tiene esa cara sonriente hacia la tierra, Dios siempre tiene un lado enfocado hacia el hombre, y ese lado es Jesucristo. El lado enfocado hacia la tierra, Jesús, es la forma en que Dios nos ve. Siempre nos mira y ve a Jesucristo en nosotros. Entonces volvemos a la cita de *lady* Juliana: "Donde aparece Jesús se entiende la bendita Trinidad".

¿Está conforme usted con el cristianismo nominal? Si

lo está, no tengo nada que decirle. ¿Está satisfecho con el cristianismo popular de personas influyentes? Si lo está, no tengo nada que decirle. ¿Está satisfecho con el cristianismo elemental? Si lo está, todo lo que tengo para usted es exhortarlo a que siga adelante hacia la perfección. Pero si no está satisfecho con el cristianismo nominal ni popular ni con cómo comenzaron las cosas y quiere conocer al Trino Dios por sí mismo, siga leyendo.

Capítulo 2

La inmensidad de Dios

Porque todo el que quiera salvar su vida, la perderá; y todo el que pierda su vida por causa de mí, la hallará. Porque ¿qué aprovechará al hombre, si ganare todo el mundo, y perdiere su alma? ¿O qué recompensa dará el hombre por su alma? (Mateo 16:25–26).

Y vuestra vida está escondida con Cristo en Dios (Colosenses 3:3).

Y ciertamente, aun estimo todas las cosas como pérdida por la excelencia del conocimiento de Cristo Jesús, mi Señor, por amor del cual lo he perdido todo, y lo tengo por basura, para ganar a Cristo (Filipenses 3:8).

Padre, somos indignos de tener estos pensamientos, y nuestros amigos no merecen escucharlos. Pero trataremos de escuchar y hablar dignamente. Sabemos que hemos admirado cosas malignas, hemos escuchado con nuestros oídos palabras y caminos malignos. Pero ahora confiamos en que todo eso ha quedado atrás y nuestros ojos están puestos en ti. ¡Muéstrate a nosotros, oh Dios! Pastor, dulce maravilla, Jesús, te rogamos que esta tarde podamos volver a tener otra visión del trino Dios por medio de Jesucristo nuestro Señor. Amén.

La fe es de dos clases: nominal y real. La fe nominal es la que acepta lo que se ha dicho y puede citar texto tras texto para probarlo. Es asombroso ver cómo la fe y la creencia nominal pueden convertir estos textos en ropajes, velos y cortinas para la Iglesia.

Pero hay otra clase de fe: es la fe que depende del carácter de Dios. Usted recordará que la Escritura no dice: "Abraham creyó *el texto*, y le fue contado por justicia". Dice: "Creyó Abraham *a Dios*" (Romanos 4:3). No fue *en qué* creyó Abraham, sino *a quién* le creyó lo que contó. Abraham le creyó a Dios, y el hombre con fe verdadera le cree a Dios y su fe descansa en el carácter de Dios. El hombre que tiene una fe real en vez de nominal ha encontrado la respuesta correcta a la pregunta: "¿Cómo es Dios?". No existe una pregunta más importante que esa. El hombre de fe verdadera ha encontrado una respuesta a esa pregunta por revelación e iluminación.

La dificultad de la Iglesia hoy—incluso la Iglesia que cree en la Biblia—es que nos hemos detenido en la revelación.

Pero la revelación no es suficiente. La revelación es la Palabra dada por Dios. Es algo objetivo, no subjetivo; es externo, no interno. Es la revelación de Dios sobre la verdad. Un hombre puede creer en eso profundamente y sostenerlo como verdadero. Pero aún así tendrá solo una revelación objetiva de la verdad que ha sido revelada objetivamente.

Iluminación

Hay otra manera de encontrar una respuesta a la pregunta: "¿Cómo es Dios?" y es por iluminación. El hombre de fe real cree la Palabra, pero ha sido iluminada de manera que él sabe lo que esa Palabra significa. Eso no quiere decir que sea un mejor maestro de la Biblia. Pero significa que ha tenido lo que los cuáqueros llaman "una apertura". Su corazón se ha abierto a la Palabra. La revelación dada es un medio para un fin, y Dios es ese fin, no el texto en sí mismo.

Es por eso que nunca discuto sobre una traducción ni me enojo por ella. Un texto es solo un medio para un fin. Ahora bien, como hay mucho dinero y los editores publican cualquier cosa, cometemos el error de creer que si logramos que la Palabra sea dicha de una manera diferente habrá un efecto mágico en esa Palabra. Creemos que si se la lee en la Versión Reina Valera 1960 estará bien, pero si tenemos una versión más moderna, que varía solo un poquito, automáticamente hemos recibido algo nuevo. ¡No es así!

La iluminación es lo que importa y la Palabra de Dios es un medio hacia un fin, así como los caminos son medios para llegar a un destino. Un camino no es nada en sí mismo. Nadie construyó jamás un camino y luego lo cercó en ambos extremos y plantó flores a sus lados y lo hermoseó para luego decir: "Esto es un camino". En cambio se dice:

"Esto es un camino, un medio para llegar a algún lugar". La Biblia es una completa serie de carreteras, y todas conducen a Dios. Y cuando el texto ha sido iluminado y el creyente del texto sabe que Dios es el fin hacia el cual se está dirigiendo, entonces ese hombre adquiere verdadera fe.

La magnitud de las cosas

Hablo frecuentemente de un librito llamado *Revelations of Divine Love* [Revelaciones del amor divino], escrito por una mujer llamada Juliana, hace seiscientos años. Un día mientras oraba tuvo una pequeña experiencia. Ella cuenta: "Vi un objeto muy pequeño, del tamaño de una avellana". Cuando yo era chico teníamos avellanas en la granja, y eran del tamaño de una canica grande, no más que eso. Ella dijo que vio ese objeto pequeñito y preguntó: "¿Qué puede ser eso?". Y algo en su corazón respondió: "Esto es todo lo que ha sido hecho; esto es todo lo que ha sido hecho". Esa pequeña avellana representaba todo lo que ha sido hecho. Quiero que piense esto conmigo: "Esto es todo lo que ha sido hecho".

El gran filósofo y matemático místico francés, Blaise Pascal, dijo: "Estamos a mitad de camino entre la inmensidad y lo que es infinitesimalmente pequeño". Él dijo que podríamos encontrar mundos más allá de otros mundos en el espacio. Nuestro sistema solar se mueve alrededor de otro sistema solar. Y ese sistema solar se mueve alrededor de otro sistema solar, y así sucesivamente hasta la infinita vastedad. Luego, dijo, si usted gira en la dirección inversa, encontrará pequeños mundos dentro de pequeños mundo: la molécula, el átomo, el electrón y el protón, dentro de una pequeñez infinitesimal. Él creía que el hombre, hecho a imagen de Dios, está exactamente a mitad de camino entre lo que es infinitamente grande y lo que es infinitesimalmente pequeño. No hay manera de probar eso, pero es una situación aterradora estar en el punto medio de algo tan grande como el universo y también de algo tan pequeño.

Creemos que el sol es muy grande, con sus planetas girando alrededor de él. Pero si estudiamos astronomía—aun astronomía elemental—veremos que hay soles tan grandes que podrían absorber a nuestro sol, a todos sus planetas y a todos los satélites que giran alrededor de ellos. Dicen que hay soles tan grandes que dentro de ellos se podrían colocar millones del tamaño de nuestro sol. Me doy por vencido. Yo ni siquiera trato de entenderlo.

Luego está el espacio. No creo que el espacio sea una cosa. Creo que es solo una manera que tenemos de representar diferentes posiciones en el vasto universo. Lo llamamos distancia. Sabemos que no se mide. Si se trata de la luna se dicen 250 000 millas o si del sol 93 millones de millas. Pero después se comienza a hablar en años luz, digamos 10 millones solo para empezar. Así que si usted quiere saber a qué distancia está la tierra de ese cuerpo del que estoy hablando, lo multiplica por 5 billones, 862 mil millones, 484 millones por 10 millones. ¿No lo pasma esto? ¡Me produce dolor de cabeza! En comparación con todo eso, usted y yo somos terriblemente pequeños.

Pero no somos lo más pequeño que existe, porque podemos disolvernos, derretirnos y llegar hasta las moléculas y átomos y trocitos de materia incorpórea o energía que llamamos con diferentes nombres comerciales. Usted encontrará que estamos, de acuerdo con Pascal, a mitad de camino en el universo.

La inmanencia de Dios

Y luego está Dios. Dios tiene el atributo de inmanencia e inmensidad. Dios es inmanente, lo cual significa que usted no tiene que atravesar una distancia para encontrarlo. Él está en todo. Él está justo aquí.

Dios está por encima de todas las cosas, por debajo de todas las cosas, afuera y adentro de todas las cosas. Dios está encima, pero no es levantado. Está debajo, pero no es hundido. Está afuera, pero no excluido. Está adentro, pero no confinado. Dios preside por encima de todas las cosas, sostiene por debajo todas las cosas, abraza desde afuera todas las cosas y llena la parte interna de todas las cosas. Esta es la inmanencia de Dios.

Dios no necesita trasladarse para ir a ningún lado. Podríamos orar: "Oh, Dios, ven a ayudarnos", porque nos expresamos de una manera psicológica. Pero en realidad Dios no "viene" a ayudarnos, porque *no hay ningún lugar en el que Dios no esté.*

> Si tomare las alas del alba, y habitare en el extremo del mar, aun allí me guiará tu mano, me asirá tu diestra...Si subiere a los cielos, allí estás tú; y si en el Seol hiciere mi estrado, he aquí, allí tú estás (Salmo 139:9–10, 8).

Así que es imposible pensar en un lugar donde Dios no esté.

La inmensidad de Dios

Las Escrituras nos enseñan también sobre la inmensidad de Dios. Isaías dice: "¿Quién midió las aguas con el hueco de su mano y los cielos con su palmo, con tres dedos juntó el polvo de la tierra, y pesó los montes con balanza y con pesas los collados?" (40:12).

Imagínese si se alejara en el espacio millones de años luz y encontrara un cuerpo tan inmenso que pudiera arrojar a todo nuestro sistema solar en él. Como si aventara una palada de carbón en una caldera, tragaría nuestro sistema solar y seguiría adelante. Después que usted haya pensado en eso, recuerde que Dios lo contiene todo. Recuerde que Dios está afuera de todas las cosas y adentro de todo y alrededor de todo. Recuerde que nuestro Dios lo hizo. Esa es la inmensidad de Dios.

El Espíritu Santo es más grande que todo el universo, la pequeña avellana que vio Juliana. "He aquí que las naciones le son como la gota de agua que cae del cubo" (Isaías 40:15). Sabe, es muy difícil lograr que un cristiano se asuste. Es difícil hacerlo entrar en pánico si realmente cree en Dios. Si es meramente un miembro de la iglesia, puede ponerse muy nervioso. Pero si realmente cree en Dios es muy difícil que lo haga.

Es muy difícil para un bocón como Nikita Kruschev [líder de la antigua Unión Soviética en las décadas de 1950 y 1960] asustar a alguien que verdaderamente crea en Dios. Kruschev sonaba cada vez más como Adolfo Hitler, ¿y dónde está Hitler? El mismo Dios que dispuso de Adolfo dispuso también de Nikita uno de esos días. "He aquí que las naciones le son como la gota de agua que cae del cubo,

y como menudo polvo en las balanzas le son estimadas;
he aquí que hace desaparecer las islas como polvo" (Isaías
40:15): tan pequeño que Él ni siquiera las nota. "Como nada
son todas las naciones delante de él; y en su comparación
serán estimadas en menos que nada, y que lo que no es"
(Isaías 40:17).

El veterano Dr. Neighbor solía decir que la palabra *vanidad* en hebreo significa: "una pompa de jabón": algo que
flota con una piel infinitamente delgada. Cuando se la toca,
desaparece; nadie puede volver a encontrarla. Eso es lo
que significa: todas las naciones del mundo son como una
pompa de jabón para Él.

> El está sentado sobre el círculo de la tierra, cuyos
> moradores son como langostas; él extiende los cielos
> como una cortina, los despliega como una tienda para
> morar...¿A qué, pues, me haréis semejante o me compararéis? dice el Santo. Levantad en alto vuestros ojos,
> y mirad quién creó estas cosas; él saca y cuenta su ejército; a todas llama por sus nombres; ninguna faltará;
> tal es la grandeza de su fuerza, y el poder de su dominio (Isaías 40:22 y 25–26).

Este pasaje probablemente sea el más osado vuelo de la
imaginación jamás hecho por la mente humana. Aquí en
Isaías tenemos eso que es más vasto e imponente que cualquier cosa que haya podido salir de la mente de Shakespeare.
Es el pensamiento del gran Dios, el Pastor del universo,
que se mueve a través de su universo, con sus miles de millones y billones de años luz, con sus mundos tan grandes
que todo nuestro sistema solar se vería como un grano de

arena en comparación. Y Dios sobresale por allí y llama a estos millones de mundos sus ovejas; los llama a todos por nombre y los guía a través del vasto cielo.

Diría que este es el pensamiento más elevado que conozco, dentro o fuera de la Biblia. Y Dios hace esto por "la grandeza de su fuerza, y el poder de su dominio" (Isaías 40:26). Así como un pastor cuida a todas sus ovejas y ninguna se le pierde, Dios guarda todo su universo. Los hombres señalan las estrellas con sus pequeñísimas gafas y hablan con erudición, pero solo han estado contando las ovejas de Dios, nada más. Dios es quien gobierna su universo.

Y en los Salmos leemos:

Bendice, alma mía, a Jehová. Jehová Dios mío, mucho te has engrandecido; Te has vestido de gloria y de magnificencia. El que se cubre de luz como de vestidura, Que extiende los cielos como una cortina, Que establece sus aposentos entre las aguas, El que pone las nubes por su carroza, El que anda sobre las alas del viento (104:1–3).

Eso es grandeza, la inmensidad de la inmanencia de Dios, comparada con la vastedad y la pequeñez del mundo. Porque Juliana dijo: "Vi toda su vastedad reducida, y vi cuán grande era en verdad, comparada con el Dios todopoderoso. 'Era del tamaño de una avellana'". Luego dijo: "Me maravilló una sola cosa". Y yo pensé: "Me maravillé de lo que podría mantenerlo unido".

Dios protege lo que ama

¿Se preguntó usted alguna vez qué es lo que sostiene juntas todas las cosas? ¿Se ha preguntado alguna vez por qué las cosas no se desintegran? ¡Yo sí! Me he preguntado cómo es que las cosas no se vienen abajo. "Me maravilló", dijo ella, "cuánto podría durar". Aunque la distancia lo envuelve todo y aunque la materia depende de la Palabra de Dios, y aunque la vida es un rayo desde el corazón de Dios, ¡no hay mucho de qué preocuparnos! Pero ella dijo: "¿Cuánto podría durar? ¿Cómo podría eso mantenerse unido?". Luego dijo: "Lo entendí. Vi que todas las cosas fueron creadas por el amor de Dios y que Él las hizo y las ama y las guarda".

Por eso es que usted no se desintegra: porque Dios lo hizo, Dios lo ama y lo guarda. Dios ama lo que hace, porque sería inconcebible que Dios hiciera algo que no amase.

Un sujeto me trajo hace poco un cuadro en el que había estado trabajando durante un tiempo y me lo mostró para ver si me gustaba. Sería inconcebible que a él no le gustara su propia pintura. A mí también me gustó, pero me la mostró porque a *él* le gustaba. Nos gusta lo que hacemos nosotros mismos. Dios ama lo que Él hizo. Y como lo hizo, lo ama y porque lo ama, lo cuida.

Las personas no van a perder nada que amen si pueden evitarlo. Una madre puede perder a su bebé si muere, pero no lo hará si puede ayudarlo. Un hombre puede perder una propiedad o su automóvil o su empleo, pero no lo hará si puede evitarlo. Y así el Dios todopoderoso está en una posición de no perder nunca nada porque es capaz de no perderlo. Él lo guarda porque lo ama y lo ama porque lo hizo—¿o lo hizo porque lo ama?—no lo sé.

Escuché predicar a un párroco episcopal un sermón sobre la inmortalidad. Dio una de los más magníficos razonamientos sobre la inmortalidad que jamás había oído. "La Biblia dice que Abraham era amigo de Dios", dijo el párroco. "Ahora bien, ¿cómo podría ser que un hombre abandonara a sus amigos? Si un hombre es su amigo, usted no lo va a perder si puede evitarlo. Y si muriera usted trataría de traerlo de vuelta si pudiera. Usted conservaría a su amigo porque es su amigo.

"Bien, el Dios todopoderoso puede conservar a su amigo. Por eso sabemos que Abraham regresará de entre los muertos, porque es amigo de Dios y Él no permitirá que su amigo esté sepultado y se pudra para siempre. Él lo traerá desde la tumba. Y es por eso que yo creo en la inmortalidad. Creo que Dios nos hizo y nos ama y Él guarda lo que ama".

Así que todas las cosas tienen su ser en Dios. Quiero que usted piense en Dios el Creador: Dios el Padre todopoderoso, Creador de los cielos y la tierra. Quiero que piense en el Dios amante: "Porque de tal manera amó Dios al mundo, que ha dado a su Hijo unigénito" (Juan 3:16). Y quiero que piense en Dios el Guardador, si usted es un verdadero cristiano. Si no es realmente un cristiano, si usted no ha nacido de nuevo y no se ha lavado en la sangre del Cordero, esto no se le aplica, y no tiene sentido que yo trate de hacer que se le aplique. Pero si es un verdadero cristiano esto se aplica a usted.

¿Por qué no somos felices?

Cuando *lady* Juliana pensó en esto, dijo: "Si todo esto es cierto, entonces ¿por qué no tenemos todos una gran paz en el alma y en el espíritu? ¿Por qué los cristianos no son

las personas más felices, más reposadas de todo el mundo?"
Entonces ella respondió su propia pregunta: "Porque buscamos nuestro descanso en cosas que son demasiado pequeñas. Esta avellana en la cual todo esto está condensado:
procuramos encontrar placer en esas pequeñas cosas".

¿Qué es lo que lo hace feliz a usted? ¿Qué es lo que lo
alegra y le levanta la moral? ¿Es su trabajo? ¿El hecho
de que tiene buena ropa? ¿Es porque se ha casado bien y
tiene una buena posición? ¿Qué es exactamente lo que le
produce gozo?

Ese en nuestro problema. Sabemos que Dios es tan inmenso que en comparación todo tiene el tamaño de una
avellana. Y sin embargo no somos personas felices porque
nuestra mente está puesta en cosas. Multiplicamos cosas,
las acrecentamos y las perfeccionamos. Embellecemos las
cosas y ponemos nuestra confianza en ellas *y* en Dios. Tenemos nuestro trabajo y a Dios; a nuestro esposo y a Dios;
nuestro fuerte cuerpo y Dios; nuestro buen trabajo y Dios;
nuestro hogar y Dios. Tenemos nuestra ambición en el futuro y Dios, y de esa manera ponemos a Dios como un
signo más después de todas las demás cosas.

Todas las grandes almas del mundo desde David y Pablo
y Agustín y todas las demás hasta las de hoy, todo escritor
responsable que ha sido iluminado desde las Escrituras por
medio del Espíritu Santo ha dicho lo mismo. Y sea que
venga de una escuela de pensamiento cristiano o de otra,
mientras sea ortodoxo y espiritual dirá lo mismo: nuestro
problema es que ponemos nuestra confianza en cosas y no
en Dios. Y Juliana dijo: "Dios me mostró que todas las cosas
son apenas del tamaño de una avellana. ¿Por qué ponemos

nuestra confianza en cosas tan pequeñas que Dios mantiene juntas? ¿Por qué habría yo de confiar en cosas?"

Las multiplicamos, las acrecentamos, y seguimos estando ansiosos e insatisfechos. ¿Por qué? Porque todo lo que esté por debajo de Dios no nos satisfará. Dios lo hizo a su imagen y usted es así. Dios no hizo al chimpancé a su imagen. No hizo al caballo, esa sinfonía en movimiento, a su imagen. Dios no hizo a su imagen a ese precioso pájaro del cual el poeta dice: "Canta al anochecer... su nota nocturnal" a su imagen. Dios lo hizo bello, pero no lo hizo a su imagen.

Dios solo lo hizo a usted a su imagen y usted está pegado a Él, tanto pecadores como cristianos. Usted fue hecho a la imagen de Dios, y nada menos que Dios puede satisfacerlo. Y aunque espere ser de esos cristianos que "meten la moneda en la ranura (es decir, con la certeza de obtener algo a cambio), obtienen la salvación, escapan del infierno y van al cielo" (esa pobre visión infantil del cielo) recuerde una cosa: con el paso de los años encontrará que no está satisfecho con "cosas más Dios". Usted necesitará tener a Dios menos todas las cosas.

Usted podría preguntarme: "¿*Usted* no tiene cosas?" Seguro que las tengo. Dios sabe que no tengo mucho, solo un montón de libros. Tengo una esposa, hijos, nietos y amigos: tengo todo eso.

Pero apenas ponga mis esperanzas y mi comodidad en esas cosas y en esas personas perderé algo de mi corazón. Mejor que no sea cosas y Dios, mejor que no sean personas y Dios: debe ser Dios y nada más. Luego, todo lo demás que Dios nos dé, podemos tomarlo en nuestros brazos y quererlo en nombre de Jesús. Y podemos amarlo por Él, pero *sin que sea necesario para nuestra felicidad*. Si hay algo que es necesario para su felicidad eterna además de Dios, usted no es todavía la clase de cristiano que debería ser. Porque solo en Dios hay verdadero descanso.

Dios se complace cuando un alma desamparada va hacia Él sencillamente, sin rodeos e íntimamente. Siente placer en que lleguemos a Él, Esta clase de cristianismo no atrae grandes multitudes. Atrae solo a quienes tienen su corazón puesto en Dios, que quieren a Dios más que a ninguna otra cosa en el mundo. Estas personas quieren la experiencia espiritual que viene de conocer a Dios por lo que Él es. Podrían quitarles todo, pero ellos seguirían teniendo a Dios.

Estas personas no son muy numerosas en ninguna localidad dada. Esta clase de cristianismo no atrae a grandes multitudes, pero seguramente atraerá a los hambrientos y sedientos y a algunos de los mejores. Y por ello Dios se complace tanto cuando gente desamparada va hacia Él, sencillamente, sin rodeos e íntimamente. Él quiere que vayamos sin toda la gran carga de la teología. Él quiere que vayamos sencillamente y sin rodeos, como un niño pequeño. Y si el Espíritu Santo lo toca, usted será así.

El entusiasmo de Dios

Como dije en el capítulo anterior, Dios es ilimitadamente entusiasta. Me alegra que alguien lo sea, porque no encuentro muchos cristianos que lo sean. Si lo son, su entusiasmo no está concentrado en las cosas importantes. Si van a ver una película, esta puede obnubilarlos. Se alborotan por ir a un crucero a la luz de la luna. Pero si uno tan solo les dice: "Mira, mira, ¡mira a Dios, mira a Dios!", no obtiene demasiado entusiasmo.

Dios es entusiasta. Se entusiasma consigo mismo en las Personas de la Trinidad. Las Personas de la Trinidad se deleitan infinitamente cada una con las otras. El Padre está infinitamente complacido con el Hijo y el Hijo está infinitamente complacido con las otras dos personas de la Trinidad. Él se deleita en toda su creación, y en especial en los hombres hechos a su imagen. La incredulidad llega y arroja un velo sobre nosotros y no deja pasar la luz de Dios, y entonces no creemos que Dios se deleita, se deleita infinitamente con nosotros.

Aquí le comparto una oración hecha por *lady* Juliana:

Oh Dios, dame tu bondad, porque tú eres suficiente para mí, y no podría pedir nada más ni encontrar honra en nada además de ti. ¡Dios dame de ti!

Decimos que hay un avivamiento cuando todo el mundo corre y se cae encima de los demás y dicen: "Perdóname por haber tenido un mal pensamiento sobre ti. Perdóname por los cinco centavos que olvidé devolverte". O decimos que los avivamientos consisten en gente que se pone muy ruidosa. Bueno, eso puede suceder en un avivamiento, pero la única clase de avivamiento que podría haber aquí cuando los mundos se enciendan, es el avivamiento que comienza con la frase: "Oh Dios, dame de ti! Porque nada fuera de ti puede llenarme".

Hambre de Dios

"Jamás he querido", dijo *lady* Juliana "algo [que fuera] menos que Dios". Me gusta esa expresión. Traducido al español moderno se diría: "No me sería suficiente". Juliana en efecto dijo: "Oh Dios, si tuviera toda la avellana—todo, desde el protón hasta el cuerpo celeste más remoto, hacia arriba y hacia abajo en la escala de todas las cosas bellas de la tierra, el cielo, el mar, los diamantes de las minas, la madera de los bosques, el encanto de un paisaje y la riqueza de las ciudades—si tuviera todo eso pero no te tuviera a ti, *siempre me harías falta*". No sería suficiente.

El problema del mundo de hoy es que todos dicen: "siempre me harías falta", pero no saben qué. Hay un pequeño altar dentro de usted, un altar tan profundo que nadie lo conoce, solo usted. Y en la parte más interna, más profunda de ese altar, "un huerto en Edén, al oriente" (Génesis 2:8). Yace en la enorme alma de ustedes, esa alma que es más grande que el universo estrellado. Hay un altar allí, un jardín y un trono. Y sin importar qué pase, usted recibirá un grito desde ese trono: ¡*Siempre me harías falta*! ¡*Oh, Dios*! ¡*Sigo estando hambriento, sigo estando hambriento*!

¿Quién se suicida? No el pobre: el rico. No el desconocido de la calle: son los actores de cine y los políticos y gente que es muy conocida. Como dice la canción: "Quédate con el mundo pero dame a Jesús". Podríamos tener todo el mundo pero no tener a Jesús, y entonces habría un clamor muy adentro de nosotros: "Siempre me haces falta".

Esta es la peor calamidad para un alma humana: haber sido hecha a la imagen de Dios, con un espíritu tan grande que puede contener el universo, pero que clama por más.

Imagine un alma más grande que los cielos y los cielos de los cielos, pero vacía de Dios. Imagine ir por la eternidad gritando: "Nunca me faltes, oh Dios", por siempre y siempre. "Oh Dios, estoy hambriento y no puedo comer; estoy sediento y no puedo beber. Envíame a Lázaro para que moje la punta de su dedo en agua, y refresque mi lengua; porque estoy atormentado en esta llama" (vea Lucas 16:24).

Me pregunto si las llamas del infierno no serán atizadas desde lo profundo en ese santuario [del corazón] donde, árida, deshecha y reseca, el alma del hombre clama: "Oh Dios, *nunca me faltes*. Lo he tenido todo: religión, posición, dinero, un cónyuge e hijos, ropas, un buen hogar; pero todo eso es como una pequeña avellana: no es nada. Oh, Dios, ¡perdí lo que más quería!".

Muy en el fondo, ese es el problema. Ese es el problema en Rusia, en Washington, en todos lados: siempre, siempre lo han querido, aunque lo tienen todo. Usted debe conocer la historia de Alejandro Magno, quien conquistó todo el mundo y lloró porque no había más mundo para conquistar. El hombre ha ido al Polo Norte y al Polo Sur y ahora vuelve sus codiciosos ojos hacia la luna y los planetas. Tiene y obtiene, obtiene y tiene.

La nación más rica de la tierra es Estados Unidos. Creemos que estamos en una recesión, pero los autos se siguen haciendo más largos, más grandes y cada vez se parecen más a una máquina de discos. Y cada vez hay más dinero en más cuentas bancarias. Se le hacen deducciones a su salario, pero después que le hayan sacado todo lo que usted pueda imaginar, el hombre promedio sigue teniendo más dinero del que tenía antes.

Cuando yo era joven, un hombre podía criar a diez hijos con un dólar por día y lo hacía bien. Ahora tenemos todo, absolutamente todo. ¿Pero qué país en todo el mundo es el que tiene más problemas, más crisis, más locura, más asesinatos, más triángulos, más hospitales mentales, más psiquiatras y divanes?

Dios debe estar primero

Es un pensamiento más bien cínico, e irónico, que la nación más rica del mundo tenga la mayor tasa de divorcios, de suicidios y de delincuencia juvenil. Eso vuelve a probar que sin importar cuánto se le dé al hombre, si pierde a Dios clama: "Por siempre me faltas", y sale a cometer un crimen. Si usted le da todo y luego añade a Dios, lo hace equivocar, y él se equivoca en su propia alma. Porque Dios quiere ser el primero y el todo.

El dinero no es todo. Si usted acepta el reino de Dios y su justicia, Dios le añadirá dinero: el que usted necesite. Si usted acepta el reino de Dios y su justicia, Dios puede enviarlo a que aprenda arte, música u otros amores terrenales legítimos. Dios puede enviarle todo y dejar que usted lo tenga. Pero siempre en el entendimiento de que Él puede volver a quitárselo todo sin siquiera una queja de su parte. Usted sigue teniendo a Dios, y Dios es todo.

Isaías escribió: "No se pondrá jamás tu sol, ni menguará tu luna; porque Jehová te será por luz perpetua, y los días de tu luto serán acabados" (Isaías 60:20). El tejedor de seda alemán Gerhard Tersteegen, escribió cierta alocada paráfrasis de esto:

Oh rápido, y se ha ido,
Cuán grande es Dios,
Cuán pequeño soy yo,
Una partícula en el cielo sin límites,
Y dejemos que la gloria profunda, ancha y alta
Del sol sin nubes del cielo,
Nunca jamás yo olvide
Perdido, consumido en la inmensidad del amor.
El mar que no conoce ruidos ni costas,
Solo Dios está allí, no yo,
Se me puede acercar, tan cerca como
  estoy de mí mismo
Así que me he perdido al encontrarlo a Él.
El cielo ilimitado de tu eterno amor
A mi alrededor, por debajo y por encima
En la gloria de aquel dorado día,
Las cosas viejas pasaron,
Sí, pasaron.

Casi hemos perdido nuestra capacidad de arrodillarnos con los pies descalzos ante una zarza ardiente como esta. Cuando la Iglesia haya restaurado la clase de espíritu que puede entender lo que Isaías quiso decir y lo que Tersteegen significó cuando parafraseó a Isaías, entonces sí tendremos un avivamiento: la clase de avivamiento que tuvieron los cuáqueros y los metodistas, y que hubo en Pentecostés.

Así que me he perdido al encontrarlo a Él.
Me he perdido para siempre, oh Hijo tuyo,
El cielo ilimitado de tu eterno amor
A mi alrededor, por debajo y por encima.

¡Este es Dios!

Ahora recuerde nuevamente el versículo: "Escondida con Cristo en Dios" (Colosenses 3:3). Si usted ganara todo el mundo y no encontrara a Dios en su alma, ¿qué tendría? Nada tendría valor para usted. Busquemos, oremos, quedémonos quietos, hagamos silencio. Aprendamos la maravilla del silencio. Aprendamos la belleza, el secreto de buscar a Dios. Con nuestra Biblia abierta ante nosotros e inclinados de rodillas, solos en humildad y arrepentimiento, clamemos: "¡Solo Dios, solo Dios y Dios solamente! ¡Quédese con el mundo, pero deme a Jesús!" ¿Haría usted eso? Necesitamos eso en la Iglesia. Que Dios nos lo conceda en Jesucristo nuestro Señor.

Ahora, Padre, ¿querrías bendecir a todo aquel que reciba este mensaje? ¿Nos concederás, te rogamos, que podamos olvidar las cosas que están atrás y avanzar hacia las que están delante? ¿Permitirás que podamos ver todo lo que existe como apenas del tamaño de una avellana y a nosotros mismos en Dios como vastos, tan vastos, que abarquemos los mundos pero estemos completamente vacíos sin ti? Llénanos, oh Dios, llénanos de ti, porque sin ti todo nos faltará. Llénanos de ti en el nombre de Jesucristo. Amén.

Capítulo 3

La bondad de Dios

Bueno eres tú, y bienhechor (Salmo 119:68).

De las misericordias de Jehová haré memoria, de las alabanzas de Jehová, conforme a todo lo que Jehová nos ha dado, y de la grandeza de sus beneficios hacia la casa de Israel, que les ha hecho según sus misericordias, y según la multitud de sus piedades (Isaías 63:7).

¡Cuán preciosos me son, Oh Dios, tus pensamientos! ¡Cuán grande es la suma de ellos! (Salmo 139:17).

Porque Jehová volverá a gozarse sobre ti para bien (Deuteronomio 30:9).

¡Cuán preciosa, oh Dios, es tu misericordia! Por eso los hijos de los hombres se amparan bajo la sombra de tus alas (Salmo 36:7).

Gustad, y ved que es bueno Jehová (Salmo 34:8).

Pues si vosotros, siendo malos, sabéis dar buenas dádivas a vuestros hijos, ¿cuánto más vuestro Padre que está en los cielos dará buenas cosas a los que le pidan? (Mateo 7:11).

Durante más de treinta años he hablado de la bondad de Dios. Es muy importante que conozcamos su bondad y que sepamos qué clase de Dios es. ¿Cómo es Dios? Es una pregunta que debe ser respondida si de alguna manera queremos ser cristianos. No dé esto por supuesto ni diga: "Ya lo sé".

Hay quienes dicen que la religión es algo injertado en el hombre como resultado de su debilidad o superstición. Sin embargo, la historia indica que ninguna tribu o nación se ha elevado moralmente por encima de su religión. Si ha tenido una religión degradada ha tenido un pueblo corrompido, y si el pueblo no está degradado la religión, aunque no sea el cristianismo ni el judaísmo, ocupa un nivel relativamente alto en la escala de las religiones no reveladas. Y recuerde que ninguna religión se ha elevado por encima de su concepción de Dios. Si los paganos creen que Dios es tramposo, malhumorado, horrible y embustero, su religión será edificada en torno de ese concepto. Intentarán ser taimados con su dios y actuarán de la forma en que actúan sus dioses.

Si creen, por otro lado, que Dios es uno, que es un Dios enaltecido, fiel y noble, entonces, aunque no hayan sido redimidos, su religión tenderá a seguir su concepto de un Dios enaltecedor, aunque sea una religión pagana y no lleve a la redención.

El cristianismo de cualquier época ha sido fuerte o débil dependiendo de su concepto de Dios. E insisto en lo que he dicho muchas veces: el problema básico de la Iglesia de hoy es su indigna concepción de Dios. Hablo con eruditos y gente piadosa de todo el país, y todos opinan lo mismo.

Los no creyentes dicen: "Toma tu dios vaquero[a] y vete

a casa", y nosotros nos enojamos y decimos: "Son viles paganos". No, no son viles paganos, o al menos no es por eso que hablan así. No pueden respetar a nuestro "dios del vaquero". Y como el evangelicalismo se ha pasado de la raya con su "religión del vaquero", su concepción de Dios es indigna de Él. Nuestra religión es pequeña porque nuestro dios es pequeño. Nuestra religión es débil porque nuestro dios es débil. Nuestra religión es innoble porque nuestro dios es innoble. No vemos a Dios como Él es.

El salmista dijo: "Engrandeced a Jehová conmigo" (Salmo 34:3). "Engrandecer" puede significar dos cosas: "hacer que se vea más grande de lo que es" o "verlo tan grande como es". El salmista usó esta última acepción de "engrandecer".

Si usted quiere examinar una cantidad muy pequeña de materia, la coloca en el microscopio y la agranda para que se vea más grande de lo que es. Pero es imposible hacer que Dios se vea más grande de lo que es. Cuando decimos: "Engrandeced a Jehová" nos referimos a que tratemos de ver a Dios de un modo similar a lo inmenso que es. Esto es lo que yo quiero hacer. Esto es lo que, con la ayuda de Él, me he dedicado a hacer.

Una iglesia local solo será tan grande como su concepción de Dios. Un cristiano será exitoso o fracasará dependiendo de lo que piense de Dios. Es de fundamental importancia que tengamos conocimiento del Santo, que sepamos cómo es Dios. Por supuesto solo podemos conocerlo mediante las Escrituras: es de donde obtenemos nuestra información. También podemos aprender algo de la naturaleza: "Los cielos cuentan la gloria de Dios, y el firmamento anuncia la obra de sus manos" (Salmo 19:1). Pero aunque la pluma de la naturaleza escriba sin demasiada claridad, la Palabra de Dios es muy, muy clara.

Es muy importante que sepamos que Dios es bueno. Leemos que Dios es bueno y hace el bien y que su amorosa bondad (misericordia) está sobre todas sus obras y todos esos pasajes de las Escrituras citados antes. Tome la concordancia y busque la palabra "bueno" o la palabra "misericordia" y vea cuánto tiene para decir la Biblia sobre que Dios es de buen corazón, tanto en el Antiguo como en el Nuevo Testamento.

Lo que significa "bueno"

Dios es de buen corazón, gentil, amable y benevolente en su intención. Recordemos que Dios también es cordial. En realidad, nosotros solo pensamos que creemos. Somos creyentes en un sentido, y confío en que creamos lo suficiente como para ser salvos y justificados por gracia. Pero no creemos con la intensidad y la intimidad que deberíamos. Si lo hiciéramos, creeríamos que Dios es un Dios cordial, que es gentil y que sus intenciones son amables y benévolas. Deberíamos creer que Dios nunca piensa algo malo sobre nadie, y jamás ha tenido un mal pensamiento sobre alguien.

Ahora, todo lo que he dicho significa que Dios es bueno. Todo eso Él lo es infinitamente. ¿Por qué digo esto? Porque la infinitud es un atributo de Dios. Y es imposible que Dios sea algo pero no sea completamente, infinitamente lo que es. Es posible que el sol sea brillante, pero no infinitamente brillante porque no tiene toda la luz que hay. Es posible que una montaña sea grande pero no infinitamente grande. Es posible que un ángel sea bueno, pero no infinitamente bueno. Solo Dios puede reclamar infinitud. Cuando digo que Dios es bueno, que tiene un buen corazón, quiero decir que tiene un corazón infinitamente bueno y que no tiene límites para ello. Cuando digo que Dios es amable, bueno y comprensivo por naturaleza, quiero decir que Él es infinitamente así.

Dios no solo es infinitamente bueno, también es perfectamente bueno. ¡Dios nunca es *parcialmente* algo! Cuando digo que Dios es de buen corazón, me refiero a que es perfectamente de buen corazón. No significa que pueda haber veces en que Dios no se sienta bien y no sea bondadoso.

Nunca habrá un momento en que Dios no sea cordial. Hasta el mejor de los cristianos no es cordial siempre. Quizás no durmió bien, y aunque no esté loco y viva como cristiano, quizás no le guste hablar por las mañanas. No se siente cordial; no es comunicativo; no es entusiasta. Pero nunca hay un momento en que Dios no lo sea. Porque lo que Dios es, lo es perfectamente.

Con gozo le anuncio que lo que Dios es, es inmutable. Dios nunca cambia. Lo que Dios fue, eso es. Lo que Dios fue y es, eso será. Jamás habrá un cambio en Dios. No me llame hereje, averígüelo. Vaya a la Palabra y vea si esto es correcto. Si usted fuera un buen bereo iría a las Escrituras e investigaría si estas cosas son ciertas (vea Hechos 17:10–11), eso es todo lo que le pido.

Recuerde que Dios es entusiasta respecto de sus obras. Dios no es un ingeniero ausente que dirige su mundo por control remoto. Las Escrituras dicen que Él "sustenta todas las cosas con la palabra de su poder" (Hebreos 1:3). La presencia de la Palabra invisible en el universo hace que las cosas funcionen. Dios es el creador perfecto y maneja todo al estar presente en sus obras. Eso se ve en los profetas, los Salmos y el libro de Job, todo en el Antiguo Testamento.

Cuando llegamos a la era de la ciencia nos olvidamos de todo eso; ahora hay "leyes". La Biblia no sabía nada sobre "las leyes de la naturaleza". La Biblia solo sabía que Dios estaba allí. Si llovía, era Dios que regaba las colinas desde sus aposentos. Si había rayos, era Dios, y si eran truenos, era la "voz de Jehová que desgaja las encinas" (Salmo 29:9).

Los escritores de la Escritura tenían aguda conciencia de Dios y nunca se sentían solos porque Dios estaba allí. "Ciertamente Jehová está en este lugar, y yo no lo sabía" (Génesis 28:16). Esta idea de que Dios es un ingeniero ausente que maneja su universo por control remoto está completamente equivocada. Él está presente con un entusiasmo continuo y perpetuo, con todo el fervor de su extasiado amor impulsado por sus designios santos. Si usted no siente de esta manera, es la incredulidad lo que hace que se sienta así; es la preocupación de este mundo. Si usted le creyera a Dios, sabría que esto es verdad.

La bondad de Dios significa que Él no puede sentirse indiferente hacia nadie. Las personas son indiferentes, pero Dios no. Dios ama con una energía absolutamente ilimitada u odia con fuego consumidor. Se ha dicho sobre la segunda persona de la Trinidad: "Has amado la justicia, y aborrecido la maldad, por lo cual te ungió Dios, el Dios tuyo, con óleo de alegría más que a tus compañeros" (Hebreos 1:9). El mismo Señor Jesús que amó con un ilimitado y arrollador amor también odió con terrible fuego consumidor y seguirá haciéndolo por los siglos. La bondad de Dios exige que no pueda amar el pecado.

Nuestra razón de vivir

La bondad de Dios es la única razón válida para la existencia, la única razón que subyace tras todas las cosas. ¿Imagina usted que merece haber nacido, que merece estar vivo? El incrédulo poeta Omar Khayyám dijo:

Llegado a este Universo el porqué ignorando
y el de dónde, como agua que, quiera o no quiera,
        corre,
salgo de él como el viento que el desierto cruzando,
sin saber hacia dónde, quiera o no sigue andando.[b]

Y luego acusó a Dios por todo aquello y dijo: "Por todo lo malo que he hecho, oh Dios, perdóname y recibe mi perdón". Él creía que Dios le debía algo. Pero recuerde que usted puede responder cada pregunta con esta expresión: "Dios en su bondad lo quiso. Dios por su generosidad lo quiso".

¿Por qué fuimos creados? ¿Fue porque *merecíamos* ser creados? ¿Cómo puede nada merecer algo? Hubo un tiempo en el que no había raza humana. ¿Cómo podría una raza que no existía merecer algo? ¿Cómo podría un hombre que todavía no había sido creado ganar algo o acumular mérito? No podría ser así. Dios por su bondad nos creó. ¿Por qué no fuimos destruidos cuando pecamos? La única respuesta es que Dios en su bondad nos perdonó. Ese Dios, cordial y bien intencionado, nos perdonó.

¿Por qué el Hijo eterno de Dios habrá dado su sangre por nosotros? La respuesta es: por su bondad y su misericordia. "¡Cuán preciosa, oh Dios, es tu misericordia! Por eso los hijos de los hombres se amparan bajo la sombra de tus alas" (Salmo 36:7). ¿Por qué me va a perdonar Dios si he pecado una, y otra, y otra vez? Porque Dios, en su bondad, actúa de acuerdo con ella y hace lo que su amoroso corazón le dicta.

¿Por qué responde Dios las oraciones? No imaginemos que lo hace porque alguien es bueno. Nosotros, los protestantes, decimos que no creemos en los santos, pero sí creemos. Los canonizamos: tenemos a san George Mueller, a san C. H. Spurgeon, a san D. L. Moody y a san A. B. Simpson. Tenemos la idea de que Dios respondió las oraciones de ellos porque eran realmente buenos. Si ellos estuvieran aquí, lo negarían fervientemente.

Nadie jamás obtuvo nada de Dios sobre la base de sus méritos. Habiendo caído, el hombre solo merece castigo y muerte. Así que si Dios responde nuestras plegarias es porque es bueno. ¡Por su bondad, su misericordia, sus buenas intenciones y benevolencia Dios lo hace! Esa es la fuente de todo.

Estos son los únicos motivos por los cuales cualquiera ha sido salvo desde el comienzo del mundo. Está muy difundida la idea de que en el Antiguo Testamento los hombres eran salvos por la ley y que en el Nuevo Testamento somos salvos por gracia. Lo segundo es correcto, pero lo primero está equivocado. Nadie ha sido salvo jamás, desde el día en que Abel ofreció la sangre de su cordero en un altar casero, hasta el último convertido de hoy, sino por la bondad de Dios. Por la gracia de Dios, su misericordia, su buen corazón, su bondad y su gentileza, su cordialidad y lo accesible que es, salvó amablemente a las personas. Hemos tomado la palabra "gracia" y la hemos convertido en un término técnico.

La gente del Antiguo Testamento no se salvaba por hacer algo, porque merecemos el infierno, y si Dios actuara solamente de acuerdo con su justicia, simplemente hubiera quitado el tapón y nos hubiera arrojado a todos al infierno y listo. Pero Dios, por su bondad y gracia misericordiosa perdonó a quieres aceptaron las condiciones que estableció. Todos son salvos por gracia. Abel fue salvo por gracia. Noé fue salvo por gracia: "Pero Noé halló gracia ante los ojos de Jehová" (Génesis 6:8). Así sucedió con Moisés y con todos los demás hasta la venida de Jesús y su muerte en la cruz. Todos fueron salvos por gracia por la bondad de Dios. Y todos han sido salvos por gracia por la bondad de Dios desde entonces.

Bondad y severidad

Pero no nos ahoguemos en almíbar. Dios no solo es bueno; Dios es severo. Romanos 11:22 nos habla de la severidad de Dios: "Mira, pues, la bondad y la severidad de Dios" y dice que como Israel se apartó de Dios, Dios fue severo con Israel y lo cortó temporalmente del buen olivo e injertó a los gentiles en su lugar. Mire, pues, la bondad y la severidad de Dios.

Dios es bueno con todos los que aceptan su bondad. Y por quienes rechazan su bondad, no hay nada que el Dios todopoderoso pueda hacer si permite al hombre su libre albedrío, y yo creo en el libre albedrío. El libre albedrío es un don de Dios: de su soberanía absoluta nos ha dado un poco de soberanía provisional. Él dijo: "Les permitiré, dentro de ciertos límites, que sean sus propios jefes y que elijan ir al cielo o al infierno". Si un hombre no acepta la bondad de Dios, deberá aceptar su soberanía hacia todos los que continúan en rebelión moral contra el trono de Dios y se rebelan contra las virtuosas leyes de Dios. No hay nada que Dios pueda hacer y por ello su justicia dispone de todos.

¿Pero qué sucede con quienes se han rendido a su amor? Dios es tan santo como bueno, tan justo como bueno y amable, y nosotros somos pecadores, entonces ¿no estamos necesariamente perdidos? ¿No debemos perecer? ¿No sería moralmente lógico que pereciéramos?

Permítame citar del libro de *lady* Juliana: "Dios, en su bondad, ha ordenado medios para ayudarnos, completos, justos y muchos; el mayor fue que tomó sobre sí la naturaleza del hombre". Al venir a la tierra como hombre, Dios vino a donde estamos nosotros, y al haber venido nos entiende con simpatía y empatía.

La simpatía es una buena palabra pasada de moda en nuestra región: "-*patía*" tiene la misma raíz que *pathos*, que significa: "sentimiento o sufrimiento frecuente"; "*sim-*" significa "juntos", como en el caso de la palabra *sinfónica* (un grupo de músicos que tocan *juntos* en armonía). La *simpatía*, entonces, es Dios que siente y sufre junto con nosotros. La empatía, por supuesto, es un poco diferente. Significa la capacidad de proyectarse en otro y sentir como él siente. Es un tema maravilloso, y cada vieja abuela de cualquier granja de Tennessee sabe lo que significa la empatía. Pero se necesitó un buen científico para darle un nombre.

Permítame leérselo de la Biblia, en lenguaje bíblico en lugar de lenguaje psicológico:

Por lo cual debía ser en todo semejante a sus hermanos [es decir, cuando Él tomó sobre sí la semilla de Abraham], para venir a ser misericordioso y fiel sumo sacerdote en lo que a Dios se refiere, para expiar los pecados del pueblo. Pues en cuanto Él mismo padeció siendo tentado, es poderoso para socorrer a los que son tentados (Hebreos 2:17-18; explicación entre corchetes añadida).

Porque no tenemos un sumo sacerdote que no pueda compadecerse de nuestras debilidades, sino uno que fue tentado en todo según nuestra semejanza, pero sin pecado. Acerquémonos, pues, confiadamente al trono de la gracia, para alcanzar misericordia y hallar gracia para el oportuno socorro (Hebreos 4:15-16).

Estos pasajes están llenos de empatía. No solo Él siente lo mismo que nosotros en nuestra desdicha, sino que también es capaz de proyectarse en nosotros, para saber cómo nos sentimos y sentirlo con nosotros. Eso es buena teología.

Ahora Dios en su bondad ha ordenado medios, "completos, justos y muchos". Y todo salió de la bondad de Dios. A veces decimos: "La justicia de Dios requiere que Él haga tal y tal cosa". Jamás utilice ese lenguaje, ¡ni aunque me oyera a *mí* hacerlo! No hay nada que *requiera* que Dios haga algo. Dios hace lo que hace por causa de lo que Él es, y no hay nada que se levante fuera de Él para requerirle hacer algo. Él hace lo que hace por su corazón. Todos los atributos de Dios son simplemente facetas de un Dios en tres Personas.

¿Qué son estos "completos, justos y muchos" medios

que Dios ha preparado para sus hijos? Son los preciosos remedios que Él ha hecho para los pecados del hombre, "convirtiendo toda nuestra culpa en adoración eterna".

Podemos acercarnos confiadamente a Él

A veces en oración le digo a Dios cosas que son terriblemente atrevidas, casi arrogantes, y nunca he sido reprendido por Dios. Se dicen de Lutero (ciertamente no estoy haciendo ninguna comparación; ¡me hubiera encantado limpiar sus zapatos y ponerlos en la puerta de su habitación!) que cuando se lo oía orar era una experiencia en teología. Cuando comenzaba a orar, lo hacía con tal autorrenunciamiento, tal humildad, tal arrepentimiento que despertaba compasión. Pero cuando seguía orando, lo hacía con tal audacia que causaba temor.

A veces en mis oraciones privadas he ido a Dios con pensamientos que dudo en mencionar, pero voy a nombrar uno. Hace un tiempo le dije a Dios en oración: "Me alegra haber pecado, Dios; me alegra haber pecado, porque tú viniste para salvar a los pecadores" (vea 1 Timoteo 1:15).

No soy un hombre bueno; soy un…bueno, ¡usted tendría que usar un lenguaje callejero para describirme! Soy así por naturaleza. Y cuando vi esa característica en mis hijos, no los culpé. Les di una zurra, pero no los culpé. No puedo ir a Dios y decirle: "Dios, no hice lo que hizo esa persona". He hecho—en realidad o con el pensamiento—todo lo que puede ser hecho. El mismísimo diablo no podría haber pensado las cosas que yo he pensado a lo largo de mi vida. De manera que yo estaba orando a Dios acerca de eso y le decía: "Oh Dios, estos buenos hombres"—y comencé a nombrar a muchos que, comparados conmigo, eran buenos hombres—"no te pueden amar tanto como yo te amo, porque al que mucho se le perdona, mucho ama" (vea Lucas 7:47).

Si un doctor salva la vida de un hombre al que solo le gotea la nariz, no va a escribir un libro sobre eso. El hombre se habría mejorado de todos modos. Pero el doctor que recibe a un hombre con un tumor cerebral, lo duerme y con sumo cuidado, oración y capacidad le devuelve la vida, sí ha hecho algo.

Él "salvó a un desgraciado como yo". Él "convirtió nuestra culpa en eterna adoración". Creo que la Biblia enseña—nuestro Señor lo insinuó y luego Pablo lo desarrolló más a fondo—que llegará un día en que nos juntaremos de todos lados y diremos: "Considera las maravillas de Dios". Usted lee en el libro de los Hechos (4:14) que veían al hombre que había sido sanado, que estaba de pie junto a ellos, y no podían decir nada en contra. Al ver a ese malvado pecador allí de pie, solo podemos decir: "El Cordero que fue inmolado es digno de tomar el poder" (Apocalipsis 5:12). Y la dignidad es la bondad de Dios que de su infinita generosidad, su perfecta e inmutable misericordia, Él hizo para nosotros remedios "completos, justos y muchos" convirtiendo nuestros pecados en adoración eterna.

La bondad de Dios

Jesús es Dios. Y Jesús es el hombre más bondadoso que haya vivido en esta tierra. Su bondad es algo que nosotros debemos tener. Debe ser un reflejo, un persistente aroma, como una vieja vasija que alguna vez contuvo bellas flores. Aunque la vasija se haya roto, el aroma de esas rosas permanece a su alrededor. Así sucede con la humanidad, caída como una vasija rota, hecha añicos en el pavimento y astillada en millones de pedazos, pero todavía conserva algo que llamamos bondad.

Supongo que uno de los hombres más bondadosos de los Estados Unidos fue Abraham Lincoln. Cuando Lincoln visitó el hospital yacía allí un joven oficial del ejército del norte tan malherido que era obvio que iba a morir. Las enfermeras le susurraron: "Señor presidente, él no lo va a lograr". Y el gran presidente, alto, sencillo, entró a la sala del hospital y caminó entre aquellos hombres. Y luego se volvió hacia ese oficial agonizante y se detuvo, lo besó en la frente y le dijo: "Teniente, usted se tiene que poner mejor por mí". Y las enfermeras que los rodeaban dicen que escucharon un susurro: "Señor presidente, lo haré". ¡Y lo hizo!

En otra ocasión entraron a una oficina donde él estaba sentado mirando el césped por una ventana y le dijeron: "Señor presidente, se lo ve muy serio hoy".

"Sí", dijo él, "hoy es el 'día del asesino'. Van a matar a muchos jóvenes hoy en el ejército por batirse en retirada ante los disparos o por hacer alguna otra cosa en la guerra. No culpo a esos muchachos; no fueron cobardes. Sus piernas lo hicieron". Con lágrimas, dijo: "Estoy repasando la lista, y voy a salvar a todos los que pueda".

Es por eso que amamos a Lincoln, no solo porque liberó a los esclavos y salvó la Unión, sino porque tenía un gran corazón. Pero hasta él tenía un límite. Se dice que una vez alguien llegó al césped de la Casa Blanca y la esposa de Lincoln, Mary, estaba corriendo y gritando. El gran presidente, alto como era, la seguía con una palmeta.

"¿Qué está pasando aquí?", preguntó esa persona.

Él respondió: "Ella no quiere obedecerme".

Ve, él podía enojarse. Y podía ser cruel, pero Jesús no. El hombre más bondadoso que ha existido es Jesús.

Un grupo de literatos estaba hablando del patetismo en la literatura. Estaban hablando de libros que los habían conmovido hasta las lágrimas. Matthew Arnold dijo de Burns que su poesía era tan dolorosamente bella, desgarradoramente conmovedora, que a veces era difícil leerla porque hería demasiado profundamente. Alguien le preguntó al señor Dickens qué literatura creía que tenía el mayor patetismo. "Oh", dijo, "no hay duda: la historia del hijo pródigo. No hay nada que se le compare en toda la literatura".

¿Quién escribió esa historia? Dios. ¿Quién la contó? El hombre más bondadoso de todo el mundo. Cuando leo las Escrituras y llego a ese pasaje: "Un hombre tenía dos hijos" (Lucas 15:11), instintivamente agacho mi cabeza. Algo en mí quiere inclinarse en reverencia ante el corazón que pudo pensar esa historia.

A Dios no le repugnan nuestras miserias. Él no tiene ningún pesar por nada de lo que ha hecho, ni desdeña servir a nuestro cuerpo en el más simple de los oficios. El Señor será su Enfermero, su Cuidador, su Ayudador, y no le repugna nada de usted. Él anhela que usted se goce con Él. El maravillosamente eterno y alto, supremo amor de Dios, en su bondad nos ve perfectos aunque no lo somos. Y quiere que nos gocemos en Él.

Dios quiere complacernos

Él no encuentra placer alguno en las lágrimas humanas. Él vino y lloró porque podría detener para siempre la fuente de lágrimas humanas. Él vino y afligió a su madre para poder sanar todas las aflicciones. Vino y perdió todo porque podría sanar las heridas que tenemos por las cosas que perdimos. Y quiere que encontremos placer en Él. Hagamos a un lado todas nuestras dudas y confiemos en Él.

Dios quiere complacerlo. Él se complace cuando usted es su hijo, cuando se rinde a Él, cuando su voluntad es la de Él y la voluntad de Él es la suya, cuando usted no es rebelde y no busca su propia voluntad. Dios ama complacer a su pueblo.

¿Usted vio alguna vez a un padre trayendo regalos a sus hijos? ¿Vio alguna vez a un novio trayendo obsequios a su novia? Él quiere complacer a la gente que ama y que lo ama a Él. La idea de que Dios siempre lo hace sentir triste no es bíblica. Jesucristo conocía a Dios y sufrió los inconvenientes y las persecuciones del mundo, la amargura de sus corazones contaminados. Le dificultaron mucho las cosas. Pero Él estaba complacido con Dios y Dios con Él. "Este es mi Hijo amado, en quien tengo complacencia" (Mateo 3:17). "Bien, buen siervo y fiel" (Mateo 25:21). Ahora Dios puede decirle eso a su pueblo.

Dios no se alegra cuando usted se siente abatido. Él hará que se sienta triste si no lo obedece, pero si se rinde a Él y es obediente, la bondad que Dios trajo por medio de Jesucristo ahora quiere complacerlo a usted. Y quiere responder sus oraciones para que esté contento con Él. Él quiere hacer todo eso. Hagamos a un lado todas nuestras dudas y confiemos en Él.

Gerhard Tersteegen escribió una canción:

En medio de la oscura tormenta y el dolor
Veo un intenso brillo
Bien sé que el mañana será bendecido
Cristo vendrá por mí.

Luego escribe otras seis estrofas, y las últimas cuatro líneas dicen:

Él y yo en esa radiante gloria,
Un profundo gozo compartiremos.
Mío, para estar por siempre con Él,
Y de Él, porque yo estaré allí.

¿Alguna vez se detuvo a pensar que Dios va a estar tan contento de que usted esté en el cielo como lo estará usted de estar allí? La bondad y la misericordia de Dios, la benignidad del Señor, ¡son algo maravilloso! Él puede llevarnos a una relación tal que puede complacernos sin malcriarnos. Nos complace, y Él se complace cuando nosotros estamos contentos. Y cuando nosotros estamos contentos, Él se pone feliz.

Una común alegría que compartiremos: "mía por estar por siempre con Él, y de Él porque yo estaré allí". ¡Gracias Dios, gracias Dios! Alabemos la benignidad de Dios por siempre, porque su bondad no tiene fin. ¡Amén! ¡Amén!

Capítulo 4

La justicia de Dios

Lejos de ti el hacer tal, que hagas morir al justo con el impío, y que sea el justo tratado como el impío; nunca tal hagas. El Juez de toda la tierra, ¿no ha de hacer lo que es justo? (Génesis 18:25).

Porque Jehová vuestro Dios es Dios de dioses y Señor de señores, Dios grande, poderoso y temible, que no hace acepción de personas, ni toma cohecho (Deuteronomio 10:17).

El temor de Jehová es limpio, que permanece para siempre; los juicios de Jehová son verdad, todos justos (Salmo 19:9).

Para anunciar que Jehová mi fortaleza es recto, y que en él no hay injusticia (Salmo 92:15).

Nubes y oscuridad alrededor de él; justicia y juicio son el cimiento de su trono (Salmo 97:2).

Y ajustaré el juicio a cordel, y a nivel la justicia; y granizo barrerá el refugio de la mentira, y aguas arrollarán el escondrijo (Isaías 28:17).

Y oí al ángel de las aguas, que decía: Justo eres tú,
oh Señor, el que eres y que eras, el Santo, porque has
juzgado estas cosas. Por cuanto derramaron la sangre
de los santos y de los profetas, también tú les has dado
a beber sangre; pues lo merecen. También oí a otro,
que desde el altar decía: Ciertamente, Señor Dios To-
dopoderoso, tus juicios son verdaderos y justos (Apoca-
lipsis 16:5–7).

Si usted conoce a Dios, sabe que Él es absoluta y perfectamente justo. Pero primero tenemos que definir este término. ¿Qué queremos significar con justicia?

Investigando esto cuidadosamente en las Escrituras, encuentro que la justicia es indistinguible del juicio en el Antiguo Testamento. Es la misma palabra raíz con variaciones según la parte de la expresión que se use. Significa *integridad* u *honradez.* Decir que Dios es justo o que la justicia de Dios es un hecho es decir que hay integridad y rectitud en Dios. El Salmo 89:14 dice: "Justicia y juicio son el cimiento de tu trono". El Salmo 97:2 dice: "Justicia y juicio son el cimiento de su trono". Justicia y juicio son indistinguibles el uno del otro.

Decir que Dios es justo es decir que es equitativo, que es moralmente recto. Si usted va a Ezequiel 18:25 encuentra a Dios reprendiendo a Israel. Le dice: "Y si dijereis: No es recto el camino del Señor; oíd ahora, casa de Israel: ¿No es recto mi camino? ¿no son vuestros caminos torcidos?". Esa expresión "torcido" significa simplemente *injusticia.* ¿Sabía usted que *injusticia* e *iniquidad* son la misma palabra? La persona inicua es moralmente no recta, moralmente no armónica, torcida en sí misma.

La palabra "juicio" tal como es usada en los textos anteriores, es la aplicación de la justicia a una situación moral, favorable o desfavorable. Cuando Dios juzga a un hombre trae justicia a la vida de ese hombre. Él aplica justicia a la situación moral que la vida del hombre ha creado. Y si los caminos del hombre son rectos, la justicia lo favorece. Pero si los caminos del hombre no son rectos, por supuesto que Dios sentencia al hombre.

La justicia no es algo que Dios tiene. La justicia es algo que Dios *es*. Un gramático podría modificar la frase: "*Justo* es algo que Dios es". Pero yo digo: "No, la *justicia* es algo que Dios es". Dios es amor y, así como Dios es amor, Dios es justicia.

Usted a veces oye decir: "La justicia requiere que Dios haga esto". Probablemente yo mismo use esta expresión, aunque sea semánticamente impropia. El lenguaje humano vacila cuando tratamos de usarlo para describir a Dios. Los profetas del Antiguo Testamento y los apóstoles del Nuevo pusieron tal presión/esfuerzo en el lenguaje que las palabras gimen y rechinan en el esfuerzo por contar la historia. Debemos recordar que la justicia no es algo externo a Dios a lo cual Dios debe conformarse. Nada jamás le exige a Dios hacer nada. Si usted tiene un dios al que se le exige hacer algo, entonces tiene un dios débil que debe uncir su cuello a un yugo y allanarse ante la presión externa. Entonces la justicia es mayor que Dios. Pero eso es pensar erróneamente.

Todas las razones de Dios para hacer algo están situadas dentro de Dios. No son traídas desde afuera para que Él las cargue. Ellas residen dentro de Dios, es decir, ellas son lo que Dios es. Y las razones de Dios para hacer lo que hace brotan de lo que Dios es. Nada le ha sido añadido a Dios desde la eternidad. Y nada ha sido quitado de Dios desde la eternidad. Nuestro Dios es exactamente lo que era antes de que un simple átomo fuera creado. Él será exactamente igual a lo que es cuando los cielos ya no sean más. Él nunca ha cambiado en ningún sentido, porque es un Dios inmutable.

Dios, siendo perfecto, es incapaz de perder o de ganar algo. Es incapaz de hacerse más grande o más pequeño. Es incapaz de conocer más o menos. Dios es simplemente Dios. Y Dios justamente desde su interior, no en obediencia a alguna ley imaginaria; Él es el Autor de todas las leyes, y actúa como Él mismo en todo tiempo.

Se nos ha mentido, hecho trampa, traicionado y engañado tanto incluso por parte de quienes admiramos y respetamos, que hemos llegado a proyectar nuestro cinismo al propio trono de Dios. Y sin darnos cuenta tenemos en nuestras mentes un sentimiento de que Dios también es así. Permítame decirle que Dios siempre actúa como Él mismo. No hay arcángel, ni 10 000 ángeles con espadas, ni querubines o serafines que puedan persuadir a Dios de actuar de otra manera. Dios siempre actúa como Él ha sido y como siempre será.

Él debía redimir al hombre dentro de ese poderoso, ilimitado marco. Él no podía cambiar, o habría ido de mejor a peor o de peor a mejor. Y siendo Dios y siendo perfecto no podía ir en ninguna dirección. Él debía seguir siendo Dios.

Así en el libro de Apocalipsis, la justicia de Dios es cantada por sus santos.

Teólogos, tanto judíos como cristianos, hablan de la justicia como uno de los atributos de Dios. Dios es justicia, y Dios siempre actúa justamente, no por compulsión desde afuera sino porque esa es la manera en que Él mismo es. La justicia siempre debe prevalecer porque Dios es el soberano Dios que siempre prevalece.

Si esto es verdad, ¿dónde entramos usted y yo?

Hubo un antiguo teólogo de nombre Anselmo que ya no es muy leído ahora. Él fue uno de los grandes padres de la iglesia, de los grandes teólogos, de los grandes santos, de los grandes pensadores. Fue llamado un segundo Agustín. Y Anselmo le formuló a Dios la pregunta: "¿Cómo perdonas al malvado si tú eres justo, supremamente justo?"

No nos preocupamos mucho por esta cuestión, porque en este día hemos abaratado la salvación. Hemos degradado nuestro concepto de Dios al punto que esperamos toparnos con las puertas de perlas y golpear la puerta y decir: "¡Hola, Dios, aquí estoy!" y que Dios nos haga pasar. Haríamos mejor en tomar la cuestión de los antiguos teólogos que se daban cuenta de que debemos temer ir presuntuosamente a la puerta del cielo y que no nos dejen entrar.

El viejo hermano Anselmo se confortaba a sí mismo con este pensamiento: "Vemos donde el río fluye, pero las fuentes de donde nace no las vemos". Él sabía lo que Dios puede, pero no sabía cómo Dios puede. "¿Cómo puedes tú justificar a un hombre malvado y seguir siendo justo?", preguntaba. Para esa pregunta hay tres respuestas felices.

1. La unidad de Dios

Una respuesta es que *el ser de Dios es unitario*. ¿Qué significa eso? Significa que Dios no está compuesto de partes. Usted no es un ser unitario. Usted está compuesto de espíritu, alma y cuerpo. Usted tiene memoria y olvido. Usted tiene atributos que le fueron dados. Algunas cosas pueden ser quitadas de usted, pero aun así usted permanece. Hay secciones enteras de su cerebro que pueden ser destruidas y usted puede seguir viviendo: es así porque usted no es unitario. Esto es, Dios lo hizo a usted, e "hizo" significa compuesto. Dios lo juntó a usted. Puso la cabeza al tope del torso y las piernas bajo el torso y le puso su torrente sanguíneo, su sangre, ventrículos y aurículas y venas y arterias y nervios y ligamentos. Fuimos hechos así y puede apartar una asombrosa cantidad del hombre y él seguirá estando allí. Pero usted no puede pensar así de Dios, porque el ser de Dios es unitario.

Los judíos siempre creyeron en el Dios unitario. "Oye, Israel: Jehová nuestro Dios, Jehová uno es" (Deuteronomio 6:4). Pero los judíos no solamente dijeron que hay un solo Dios. Los judíos enseñaron el ser unitario de Dios, y la Iglesia enseña (en la medida en que la Iglesia enseña algo ahora: usted puede ir a la iglesia toda la vida y no obtener mucha teología) que el ser de Dios es unitario. "Hay un Señor" no significa meramente que solo hay un Dios; significa que Dios es uno.

¿Ve usted la distinción que hay allí? No debemos pensar a Dios como compuesto de partes que trabajan armoniosamente. Debemos pensar a Dios como uno. Porque Dios es uno, los atributos de Dios nunca discrepan unos de otros.

Porque el hombre no es unitario sino hecho, porque es compuesto, el hombre puede ser frustrado. Puede tener esquizofrenia, y parte de él puede guerrear con otra parte de él. Su sentido de justicia puede guerrear con su sentido de misericordia. El juez muchas veces se sienta en el tribunal y queda atrapado entre la misericordia y la justicia y no sabe cuál ejercer.

Está esa famosa historia del hombre que, en víspera de la guerra a la cual debe ir a pelear por su país, le dijo a su novia que la amaba y planeaba desposarla: "No podría amarte tanto, si no amara más el deber". Ese es un hombre atrapado entre el amor a una mujer y el amor al deber. Eso es porque el hombre está hecho de partes. Es por eso que tenemos psiquiatras: para tratar de volver a juntar nuestras partes. No lo logran, usted lo sabe, pero lo intentan; debemos darles el crédito por intentarlo.

Dios no tiene partes más de lo que un diamante tiene partes. Dios es todo un Dios, y todo lo que Dios hace armoniza perfectamente con cualquier otra cosa que Dios hace porque no hay partes que deban juntarse ni atributos que se enfrenten en lucha unos con otros. Todos los atributos de Dios son uno, y están juntos.

Algunas veces, cuando predico en servicios evangelísticos, caigo en el mismo error semántico. Pensamos a Dios como presidiendo una corte legal en la cual el pecador ha quebrantado la ley de la justicia. Imaginamos que esa justicia está en algún lugar allí afuera, fuera de Dios. El pecador ha pecado contra esa justicia externa y es esposado y llevado al tribunal ante Dios. Luego pensamos que la misericordia de Dios quiere perdonar al pecador pero que esa justicia externa dice: "No, él ha quebrantado mis leyes. Debe morir". Y así nos representamos dramáticamente a Dios sentado en su trono con lágrimas en los ojos dictando la sentencia de muerte a un hombre que su misericordia querría perdonar pero que no puede porque la justicia no se lo permite. Bien podríamos ser paganos y pensar acerca de Dios a la manera en que lo hacen los paganos. Esa no es teología cristiana: nunca lo fue y nunca lo será. Es erróneo pensar de esa manera, porque estamos haciendo como si Dios fuera un hombre.

"Pensabas que de cierto sería yo como tú", dice Dios (Salmo 50:21). Nuestros jueces sientan en el tribunal y sus corazones quieren perdonar, pero la ley no les permite hacerlo y ellos están atrapados en el medio. Me han dicho que a veces los jueces empalidecen y se aferran a la mesa que tienen delante cuando sentencian a muerte a hombres. Su misericordia no está en armonía con su sentido de justicia. La justicia externa se para allí como una ley y dice: "Ese hombre debe morir", pero la misericordia dice: "¡Por favor, por favor, perdónalo!".

Pero pensar eso de Dios es pensar erróneamente de Dios. Todo lo que Dios es y hace armoniza con todo lo demás que Dios es y hace. Probablemente yo no debería usar siquiera la palabra "armonía" porque la armonía requiere al menos dos que se junten y por un tiempo se conviertan en uno. Pero no hay nada como eso en Dios; ¡Dios solo es! Cuando usted ora, dice: "Padre nuestro que estás en los cielos". ¡Dios solo es!

Por consiguiente, la primera respuesta a la pregunta "¿Cómo puede Dios, siendo justo, sin embargo absolver al malvado?", brota del ser de Dios como unitario. La justicia de Dios y la misericordia de Dios no discrepan una de la otra.

2. La pasión de Cristo

La segunda respuesta deriva del efecto de la pasión de Cristo. La palabra "pasión" ahora significa "deseo sexual", pero antes, en los tiempos antiguos, significaba un sufrimiento profundo y terrible. Por eso llamaron al Viernes Santo "Tiempo de Pasión" y nosotros hablamos de "la pasión de Cristo". Es el padecimiento de Jesús mientras hacía con su propia sangre su ofrenda sacerdotal por nosotros.

Jesucristo es Dios, y todo lo que he dicho acerca de Dios describe a Cristo. Él es unitario. Tomó sobre sí la naturaleza de hombre, pero Dios la Palabra Eterna, quien fue antes hombre y quien creó al hombre es un ser unitario y no hay división en su sustancia. Y así ese Santísimo sufriente, y su sufrimiento al dar su propia sangre por nosotros fue tres cosas. Fue infinito, todopoderoso y perfecto.

Infinito significa sin perímetro y sin límites, sin orillas, sin fondo, sin tope, por siempre, sin ninguna posible medida ni limitación. Y así el sufrimiento de Jesús y la expiación que hizo en esa cruz bajo ese cielo oscurecido fueron infinitos en su poder.

No solamente fue infinito sino también *todopoderoso*. Es posible para buenos hombres "casi" hacer algo o "casi" ser algo. Esos son intentos de las personas, porque son personas. Pero el Dios todopoderoso nunca es "casi" algo. Él es el Todopoderoso. Isaac Watts dijo respecto a su muerte en la cruz: "Dios el Poderoso Hacedor murió por el hombre y su pecado". Y cuando Dios el Poderoso Hacedor murió, todo el poder estuvo en esa expiación. Usted nunca podrá exagerar la eficacia de la expiación. Usted nunca podrá exagerar el poder de la cruz.

Y Dios no es solamente infinito y todopoderoso sino también *perfecto*. La expiación en la sangre de Jesucristo es perfecta; no hay nada que le pueda ser añadido. Es intachable, impecable, perfecta. Es perfecta como Dios es perfecto. Así que la pregunta: "¿Cómo puedes tú perdonar al malvado si eres justo?" es respondida desde el efecto de la pasión de Cristo. Ese santo sufrimiento allí en la cruz y esa resurrección de entre los muertos canceló nuestros pecados y abrogó nuestra sentencia.

¿Dónde y cómo obtuvimos esa sentencia? La obtuvimos por la aplicación de la justicia a una situación moral. No importa cuán bueno y refinado y amoroso usted piense ser, usted está en una situación moral: lo estuvo, lo está y lo estará. Y cuando Dios lo confrontó, la justicia de Dios confrontó una situación moral y lo encontró a usted inadecuado, lo encontró injusto, encontró iniquidad.

Como encontró iniquidad allí, Dios lo sentenció a usted a muerte. Todos estuvimos o estamos bajo la sentencia de muerte. Me pregunto cómo la gente puede estar tan alegre bajo la sentencia de muerte. "El alma que pecare, esa morirá" (Ezequiel 18:20). Cuando la justicia confronta una situación moral en un hombre, mujer, joven o cualquiera moralmente responsable, justifica o condena a esa persona. Es así como obtuvimos esa sentencia.

Déjeme señalar que cuando Dios en su justicia sentencia a muerte al pecador, no discrepa con la misericordia de Dios; no discrepa con la bondad de Dios; no discrepa con su compasión o piedad, porque todos ellos son atributos de un Dios unitario, y no pueden discrepar unos con otros. Todos los atributos de Dios concurren en la sentencia a muerte de un hombre. Los propios ángeles en el cielo exclaman: "Justo eres tú, oh Señor, el que eres y que eras, el Santo, porque has juzgado estas cosas…Ciertamente, Señor Dios Todopoderoso, tus juicios son verdaderos y justos" (Apocalipsis 16:5, 7).

Usted nunca hallará en el cielo un grupo de santos seres encontrando fallas en la manera en que Dios conduce su política exterior. El Dios todopoderoso está conduciendo su mundo, y toda criatura moral dice: "Tus juicios son verdaderos y justos.…Justicia y juicio son el cimiento de tu trono" (Apocalipsis 16:7; Salmo 89:14). Cuando Dios envía un hombre a morir, la misericordia y la piedad y la compasión y la sabiduría y el poder concurren: todo cuanto es inteligente en Dios concurre a la sentencia.

Pero ¡oh el misterio y el asombro de la expiación! Para el alma que aprovecha esa expiación, que se lanza sobre esa expiación, la situación moral ha cambiado. ¡Dios no ha cambiado! Jesucristo no murió para cambiar a Dios; Jesucristo murió para cambiar una situación moral. Cuando la justicia de Dios confronta a un pecador desprotegido esa justicia lo sentencia a morir. ¡Y todo lo que Dios es concurre a esa sentencia! Pero cuando Cristo, que es Dios, fue al madero y murió allí en infinita agonía, en una plétora de sufrimiento, ese gran Dios sufrió más de lo que ellos sufrirían en el infierno. Él sufrió todo lo que ellos podrían sufrir en el infierno. Él sufrió con la agonía de Dios, porque todo lo que Dios hace, lo hace con todo lo que es. Cuando

Dios sufrió por usted, mi amigo, Dios sufrió para cambiar su situación moral.

El hombre que se entrega a la misericordia de Dios tiene cambiada la situación moral. Dios no dice: "Bueno, bueno, excusemos a este hombre. Él tomó una decisión y fue perdonado. Él fue al salón de oración, y fue perdonado. Está yendo a unirse a la iglesia; pasemos por alto su pecado". ¡No! Cuando Dios mira a un pecador que ha recibido la expiación, no ve la misma situación moral que cuando mira a un pecador que sigue amando su pecado. Cuando Dios mira a un pecador que sigue amando su pecado y rechaza el misterio de la expiación, la justicia lo condena a muerte. Cuando Dios mira a un pecador que ha aceptado la sangre del pacto eterno, la justicia lo sentencia a vivir. Y Dios es justo al hacer ambas cosas.

Cuando Dios justifica a un pecador todo en Dios está del lado del pecador. Todos los atributos de Dios están del lado del pecador. No sucede que la misericordia está implorando por el pecador y la justicia está tratando de empujarlo a la muerte, como a veces nuestros predicadores lo hacen parecer. Todo en Dios hace todo lo que Dios hace. Cuando Dios mira a un pecador y no ve en él la expiación (que él no quiso aceptar la expiación; que piensa que no le es aplicable), la situación moral es tal que la justicia dice que debe morir. Y cuando Dios mira al pecador que tiene la expiación, que en fe sabe y acepta que se hizo expiación por él, ¡la justicia dice que debe vivir! El pecador injusto no puede ir al cielo más de lo que el pecador justificado puede ir al infierno. ¡Oh, amigos! ¿Por qué estamos tan tranquilos? ¿Por qué estamos tan silenciosos? ¡Deberíamos regocijarnos y dar gracias a Dios con todas nuestras fuerzas!

Vuelvo a decirlo: la justicia está del lado del pecador arrepentido. Primera de Juan 1:9 dice: "Si confesamos nuestros pecados, él es fiel y justo para perdonar nuestros pecados, y limpiarnos de toda maldad". La justicia está ahora de nuestro lado porque el misterio de la agonía de Dios en la cruz ha cambiado nuestra situación moral. Así la justicia mira y ve igualdad, no iniquidad, y somos justificados. Eso es lo que la justificación significa.

¿Creo en la justificación por fe? ¡Oh, mi hermano, sí que creo en ella! David creyó en ella y lo escribió en el Salmo 32. Después fue citado por uno de los profetas. Pablo lo recogió y lo escribió en Gálatas y Romanos. Estuvo perdida por un tiempo y relegada al tacho de polvo y luego volvió a salir y fue traída al frente y enseñada por Lutero y los moravos y los Wesley y los presbiterianos. "Justificación por fe": sobre ella nos afirmamos hoy.

Cuando hablamos de la justificación, no se trata de manipular un texto. Debemos ver quién es Dios y ver por qué esas cosas son verdad. Somos justificados por fe porque la agonía de Dios en la cruz cambió la situación moral. *Nosotros somos esa situación moral.* A Dios no lo cambió en absoluto. La idea de que la cruz limpió el ceño fruncido de la cara de Dios y que Él a regañadientes comenzó a sonreír es un concepto pagano y no cristiano.

Dios es uno. No solo es que hay un solo Dios, sino que el único Dios es unitario, uno consigo mismo, indivisible. Y la misericordia de Dios es simplemente Dios siendo misericordioso. Y la justicia de Dios es simplemente Dios siendo justo. Y el amor de Dios es simplemente Dios amando. Y la compasión de Dios es simplemente Dios siendo compasivo. No se trata de algo que sale de Dios: *¡es algo que Dios es!*

3. La inmutabilidad de Dios

¿Cómo puede Dios ser justo y seguir justificando a un pecador? Hay una tercera respuesta. La compasión fluye de la bondad y sin embargo la bondad sin justicia no es bondad. Usted no puede ser bueno y no ser justo, y si Dios es bueno debe ser justo. Cuando Dios castiga al malvado, hace una cosa justa, porque es congruente con lo que merece el malvado. Pero cuando Dios perdona a un hombre malvado también es justo hacerlo, porque es congruente con la naturaleza de Dios. Así tenemos a Dios el Padre, el Hijo y el Espíritu Santo actuando siempre como Dios. Su esposa puede ser rezongona, su mejor amigo puede estar distante, guerras foráneas pueden estar en marcha, pero Dios siempre es el mismo. Dios actúa siempre de acuerdo a sus atributos de amor, justicia y misericordia.

Siempre, siempre, siempre Dios actúa como Dios. ¿No le alegra no tener que entrar a hurtadillas en el cielo por una ventana del sótano? ¿No le alegra no estar yendo a obtenerlo como algunos predicadores obtienen grados académicos, pagando veinticinco dólares por un diploma comprado?

¿No le alegra no entrar al cielo por un descuido de Dios? Dios está tan ocupado con su mundo que usted se mete de contrabando en él. ¡Y está allí unos miles de años antes de que Dios lo vea!

¿Está contento de que no lo obtendrá meramente por ser miembro de una iglesia? Dios dice: "Bueno, esta es una iglesia bastante bonita. Permitamos que él venga a ella". Y así usted ingresa, pero más tarde Él encuentra sus puntos malos ¡y quizás usted sea echado!

Esa es la parábola del hombre que apareció en la boda sin la ropa adecuada. "Amigo, ¿cómo entraste aquí, sin estar vestido de boda? Mas él enmudeció. Entonces el rey dijo a los que servían: Atadle de pies y manos, y echadle en las tinieblas de afuera" (Mateo 22:12–13). No puede haber nada como eso en el reino de Dios, porque Dios el Omnisciente conoce todo lo que puede ser conocido. Él conoce a todos: lo conoce a usted. Y Dios el Todo Justo nunca permitirá que el hombre de doble ánimo entre allí. "¿Hasta cuándo andaréis vacilando entre dos opiniones?", dijo Elías (1 Reyes 18:21, LBLA). Eso es inconstancia, iniquidad. Y el hombre que es inicuo nunca entrará allí. ¡Jamás!

Toda esa charla barata sobre San Pedro dándonos un examen para ver si estamos bien: ¡solo es una insensatez! El gran Dios todopoderoso, siempre uno consigo mismo, mira una situación moral y ve o muerte o vida. Y todo Dios está del lado de la muerte o de la vida. Si hay un pecador inicuo, inconstante, no reconciliado, inmundo, sin cobertura de su pecado, solo hay una respuesta: todo Dios dice "Muerte e infierno". Y ni todo el cielo puede levantar a ese hombre.

Pero si él se golpea el pecho y dice: "Dios, ten piedad de mí, pecador" (Lucas 18:13, LBLA), y se apropia los beneficios de la infinita agonía de Dios en la cruz, Dios mira esa situación moral y dice: "¡Vida!". Y ni todo el infierno puede arruinar a ese hombre. ¡Oh, la maravilla y el misterio y la gloria del ser de Dios!

Capítulo 5

La misericordia de Dios

Misericordioso y clemente es Jehová; lento para la ira, y grande en misericordia. No contenderá para siempre, ni para siempre guardará el enojo. No ha hecho con nosotros conforme a nuestras iniquidades, ni nos ha pagado conforme a nuestros pecados. Porque como la altura de los cielos sobre la tierra, engrandeció su misericordia sobre los que le temen. Cuanto está lejos el oriente del occidente, hizo alejar de nosotros nuestras rebeliones. Como el padre se compadece de los hijos, se compadece Jehová de los que le temen. Porque él conoce nuestra condición; se acuerda de que somos polvo. El hombre, como la hierba son sus días; florece como la flor del campo que pasó el viento por ella, y pereció, y su lugar no la conocerá más. Mas la misericordia de Jehová es desde la eternidad y hasta la eternidad sobre los que le temen, y su justicia sobre los hijos de los hijos (Salmo 103:8–17).

Bendito sea el Dios y Padre de nuestro Señor Jesucristo, Padre de misericordias y Dios de toda consolación (2 Corintios 1:3).

Habéis oído de la paciencia de Job, y habéis visto el fin del Señor, que el Señor es muy misericordioso y compasivo (Santiago 5:11).

El Señor no retarda su promesa, según algunos la tienen por tardanza, sino que es paciente para con nosotros, no queriendo que ninguno perezca, sino que todos procedan al arrepentimiento (2 Pedro 3:9).

La misericordia, entonces, es un atributo de Dios. En Éxodo se halla una declaración maravillosamente conmovedora de que un atributo de Dios es la misericordia.

Y Moisés...se levantó de mañana y subió al monte Sinaí...Y Jehová descendió en la nube, y estuvo allí con él, proclamando el nombre de Jehová. Y pasando Jehová por delante de él, proclamó: ¡Jehová! ¡Jehová! fuerte, misericordioso y piadoso; tardo para la ira, y grande en misericordia y verdad; que guarda misericordia a millares, que perdona la iniquidad, la rebelión y el pecado (34:4–7).

Y en Segundo de Crónicas, en el templo, hay otra magnífica declaración de la misericordia de Dios:

Cuando sonaban, pues, las trompetas, y cantaban todos a una, para alabar y dar gracias a Jehová, y a medida que alzaban la voz con trompetas y címbalos y otros instrumentos de música, y alababan a Jehová, diciendo: Porque él es bueno, porque su misericordia es para siempre; entonces la casa se llenó de una nube,

la casa de Jehová. Y no podían los sacerdotes estar allí
para ministrar, por causa de la nube; porque la gloria
de Jehová había llenado la casa de Dios (5:13–14).

Estos dos pasajes exponen en un estilo bastante formal
una declaración de que Dios es misericordioso. Como dije
acerca de otros atributos de la Deidad, la misericordia no es
algo que Dios *tiene* sino algo que Dios *es*. Si la misericordia
fuera algo que Dios tuviera, probablemente podría perderla
temporalmente o agotarla. Podría disminuirse o incremen-
tarse. Pero, como es algo que Dios es, debemos recordar
que es increada. La misericordia de Dios no tuvo origen. La
misericordia de Dios siempre existió, pues la misericordia
es lo que Dios es, y Dios es eterno. Y Dios es infinito.

Ha habido mucha enseñanza poco cuidadosa que insinúa
que el Antiguo Testamento es un libro de severidad y ley, y
que el Nuevo Testamento es un libro de ternura y gracia.
Pero ¿sabe usted que, aunque tanto el Antiguo como el
Nuevo Testamento declaran la misericordia de Dios, la palabra *misericordia* aparece en el Antiguo Testamento cuatro
veces más frecuentemente que en el Nuevo? Eso es un poco
difícil de creer, pero es verdad.

Esta idea popular es un gran error porque el Dios del
Antiguo Testamento y el Dios del Nuevo es un único Dios.
Él no cambió. Es el mismo Dios, y al ser el mismo Dios y
no cambiar, debe ser necesariamente el mismo en el Antiguo que en el Nuevo. Él es inmutable, y como es perfecto
no se le puede añadir nada. La misericordia de Dios era tan
grande en el Antiguo Testamento como lo fue y lo es en el
Nuevo.

La bondad es la fuente de la misericordia. Debo disculparme aquí por mi necesidad de usar lenguaje humano para hablar de Dios. El lenguaje se refiere a lo finito, y Dios es infinito. Cuando tratamos de describir a Dios o de hablar de Dios siempre estamos quebrando nuestras propias reglas y cayendo en las pequeñas trampas semánticas en las que no queremos caer, pero no podemos evitar. Cuando digo que un atributo es la fuente del otro, no estoy usando el lenguaje correcto, pero lo expreso así para que usted pueda captarlo. Si tratara de usar absolutos, todos ustedes se quedarían profundamente dormidos.

La infinita bondad de Dios es enseñada a lo largo de toda la Biblia. La bondad es eso de Dios que desea la felicidad de sus criaturas y esa irresistible urgencia de Dios por otorgar bienaventuranza. La bondad de Dios se deleita en el deleite de su pueblo. Desearía poder enseñar a los hijos de Dios a saber esto. Por mucho tiempo se nos ha machacado que si somos felices, Dios está preocupado por nosotros. Creemos que Él nunca está totalmente complacido si somos felices. Pero la estricta y verdadera enseñanza de la Palabra es que Dios se deleita en el deleite de su pueblo, siempre que su pueblo se deleite en Dios.

De las misericordias de Jehová haré memoria, de las alabanzas de Jehová, conforme a todo lo que Jehová nos ha dado, y de la grandeza de sus beneficios hacia la casa de Israel, que les ha hecho según sus misericordias, y según la multitud de sus piedades. Porque dijo: Ciertamente mi pueblo son, hijos que no mienten; y fue su Salvador. En toda angustia de ellos él fue angustiado, y el ángel de su faz los salvó; en su amor y en su clemencia los redimió, y los trajo, y los levantó todos los días de la antigüedad (Isaías 63:7–9).

Dios se deleita en el deleite de sus amigos, y sufre junto con esos amigos. Él no se deleita en el sufrimiento de sus enemigos. "Vivo yo, dice Jehová el Señor, que no quiero la muerte del impío, sino que se vuelva el impío de su camino, y que viva" (Ezequiel 33:11). Dios nunca menosprecia ni se regocija al ver que alguien se retuerce de dolor. Si Dios tiene que castigar, no se agrada del castigo. "No quiero la muerte del impío."

Según el Antiguo Testamento, la misericordia tiene ciertos significados: inclinarse bondadosamente hacia alguien inferior, sentir piedad por alguien y ser activamente compasivo. Solía usarse una forma verbal de la palabra compasión, pero ya no la empleamos más, tal vez porque ya no tenemos ese concepto. Dios "se compadece" activamente del sufrimiento de los hombres: eso me gusta muchísimo. Pues una cosa es que Dios sienta compasión a distancia, pero que Dios tenga activamente compasión de las personas es otra cosa. Lea lo que dice la Palabra de Dios al respecto:

Y los hijos de Israel gemían a causa de la servidumbre, y clamaron; y subió a Dios el clamor de ellos con motivo de su servidumbre. Y oyó Dios el gemido de ellos, y se acordó de su pacto con Abraham, Isaac y Jacob. Y miró Dios a los hijos de Israel, y los reconoció Dios (Éxodo 2:23–25).

Ese es el final del segundo capítulo de Éxodo. Y el tercer capítulo comienza con la zarza ardiente y sigue con la comisión a Moisés para que vaya a liberar a Israel de Egipto.

Cuando Dios ejerció activamente la compasión sobre este pueblo, hizo cuatro cosas: oyó los gemidos; recordó su pacto; miró sus sufrimientos y se compadeció de ellos; e inmediatamente descendió a ayudarlos. Lo mismo ocurre en el Nuevo Testamento, donde se dice de nuestro Señor Jesús que cuando Él vio las multitudes "tuvo compasión de ellos, porque eran como ovejas que no tenían pastor" (Marcos 6:34). Les dijo a los discípulos: "Dadles vosotros de comer" (6:37). Eso es ser activamente compasivo.

Una gran cantidad de personas son muy misericordiosas en sus camas, en sus hermosas salas de estar, en sus nuevos automóviles. Tienen compasión (un sustantivo), pero nunca "se compadecen" (un verbo). Leen algo en el periódico acerca de alguien y dicen: "¡Ah! ¿No es terrible? A esa pobre familia se le incendió la casa y está en la calle sin tener un lugar a donde ir", y luego encienden la radio y escuchan algún programa. Son muy compasivos—por un minuto y medio—pero "no se compadecen"; es decir, no hacen nada al respecto. Pero la compasión de Dios lo conduce a compadecerse activamente. Lo hizo al enviar a Moisés para liberar a los hijos de Israel.

Un hecho relativo a la misericordia de Dios es que *nunca comenzó a existir*. He oído de hombres que fueron duros de corazón o descuidados, pero comenzaron a ser conmovidos y la misericordia empezó a florecer en ellos. Nunca fue así con Dios. Dios nunca fue un apático sin compasión. La misericordia de Dios es simplemente lo que Dios es: increada y eterna. Nunca comenzó a ser; siempre fue. El cielo y la tierra aun no habían sido creados y las estrellas todavía no habían sido formadas, y ese espacio del cual los hombres ahora hablan era solamente un pensamiento en la mente de Dios. Dios era tan misericordioso como es ahora. Y no solo nunca comenzó a ser, sino que, además, la misericordia de Dios nunca fue más de la que es ahora.

Los científicos nos dicen que hay cuerpos celestes que desaparecieron en una gran explosión a muchísimos años luz de distancia, pero pasarán miles de años terrenales antes de que su luz deje de brillar. La luz todavía está viniendo, aunque la fuente de la luz hace tiempo dejó de existir. Y hay estrellas que agotaron su brillo y se volvieron oscuras lentamente, pero la misericordia de Dios nunca ha sido más de la que es ahora, por la sencilla razón de que la misericordia de Dios es infinita, y algo que es infinito no puede ser menos de lo que es, ni más que lo que es. Es infinita, sin fin, ilimitada; no tiene medida de ninguna clase. Las medida son cosas creadas, y Dios es increado.

La misericordia de Dios nunca ha sido más que ahora, y la misericordia de Dios nunca será menos que ahora. No imagine que cuando llegue el día del juicio Dios desconectará su misericordia como el sol se oculta detrás de una nube o como usted cierra una canilla. No piense ni por un minuto que la misericordia de Dios dejará de existir. La misericordia de Dios nunca será menos que ahora, porque lo infinito no puede dejar de ser infinito, y lo perfecto no puede admitir una imperfección. Y una vez más, nada que ocurra puede incrementar la misericordia de Dios ni disminuirla, ni alterar la calidad de la misericordia divina.

Por ejemplo, la cruz de Cristo. Cuando Jesús murió en la cruz, la misericordia de Dios no se volvió mayor. No podía volverse mayor, pues ya era infinita. Tenemos la rara noción de que Dios está mostrando misericordia porque Jesús murió. No: Jesús murió porque Dios está mostrando misericordia. Fue la misericordia de Dios la que nos dio el Calvario, no que el Calvario nos dio la misericordia de Dios. Si Dios no hubiera sido misericordioso, no habría habido encarnación, ningún bebé en el pesebre, ningún hombre en una cruz, y ninguna tumba abierta.

Dios tiene suficiente misericordia para abrazar el universo entero en su corazón, y nada que alguien hiciera alguna vez podría disminuir la misericordia de Dios. Un hombre puede alejarse y apartarse de la misericordia de Dios, como hizo Israel y como hicieron Adán y Eva por un tiempo, como han hecho las naciones del mundo, y como hicieron Sodoma y Gomorra. Podemos hacer que la misericordia de Dios sea inoperante hacia nosotros por nuestra conducta, ya que somos agentes morales libres. Pero eso no cambia ni disminuye el poder de la Palabra de Dios ni la misericordia de Dios. Y no altera la calidad de ella.

La intercesión de Cristo a la diestra de Dios no incrementa la misericordia de Dios hacia su pueblo. Si Dios no fuera ya misericordioso, no habría intercesión de Cristo a la diestra de Dios. Y si Dios es mínimamente misericordioso entonces es infinitamente misericordioso. Es imposible que la mediación de Jesús a la diestra del Padre haga que la misericordia de Dios sea más de la que es ahora.

Ningún atributo de Dios es mayor que otro. Eso creemos. Pero como todos los atributos de Dios son simplemente

Dios, es imposible que algo de Dios pueda ser mayor que otra cosa de Dios. Eso es buena teología. Usted no puede rebatirla; es verdad.

Y sin embargo hay atributos de Dios que pueden necesitarse más en diferentes ocasiones. Por ejemplo, cuando el buen samaritano pasó y vio al individuo que había sido golpeado por los ladrones yaciendo allí, el atributo que más se necesitaba en ese momento era la misericordia. Necesitaba a alguien que "se compadeciera" de él. Y así el buen samaritano descendió de su cabalgadura y acercándose "se compadeció" de él. Eso era lo que él necesitaba en ese momento.

Y es por eso que la misericordia de Dios es tan maravillosa para un pecador que viene al hogar, que quiere escribir sobre ella y hablar de ella siempre. Era lo que él necesitaba tan desesperadamente en ese momento. Nosotros cantamos "Sublime gracia del Señor", y sin embargo la gracia de Dios no es mayor que la justicia de Dios, o la santidad de Dios. Pero para las personas como usted y yo, ella es lo que necesitamos más desesperadamente. No es Dios quien es diferente; somos nosotros. Usted podría ir al cielo y decirle a un ángel: "¿No es maravillosa la misericordia de Dios?" Él sabrá que sí, pero no la comprenderá como nosotros la comprendemos.

Charles Finney lo dijo en su pequeño gran himno: "Estas criaturas que rodean el trono, nunca, nunca han conocido un mundo pecaminoso como este". Ellas no pueden apreciar el amor y la misericordia de Dios como nosotros. Ellos hablan de la santidad, del juicio y de la justicia de Dios, y le cantan a Él "tus juicios son justos" (Apocalipsis 16:7), porque nunca han conocido el pecado. Por lo tanto no necesitan de la misericordia como usted y yo.

Dios es igual a sí mismo siempre. Pero cuando usted está en problemas, usted necesita de ciertos atributos más que de otros. Cuando estoy en el consultorio del médico necesito compasión. Necesito ayuda. Puedo mirar la pared y ver sus diplomas y saber que está capacitado. Pero lo que necesito es que sea amable conmigo porque siempre estoy aterrado cuando voy al médico. Y cuando nosotros venimos a Dios nuestra necesidad determina cuáles atributos de Dios celebraremos en ese momento. Y tendremos miles de ellos para celebrar.

La operación de la misericordia de Dios

El juicio de Dios es la justicia de Dios confrontando la injusticia moral y la iniquidad. Cuando la justicia ve la iniquidad, cae el juicio. La misericordia es la bondad de Dios confrontando la culpa y el sufrimiento humano. Cuando la bondad de Dios confronta la culpa y el sufrimiento humanos, Dios escucha, Dios oye, y el balido del cordero llega a su oído y el gemido del bebé llega a su corazón, y el clamor de Israel sube hasta su trono. La bondad de Dios está confrontando el sufrimiento y la culpa humanos, y eso es misericordia.

Todos los hombres son destinatarios de la misericordia de Dios. No piense ni por un minuto que cuando usted se arrepintió y volvió desde el corral de cerdos a la casa del Padre, fue cuando la misericordia comenzó a operar. No; la misericordia había estado operando todo el tiempo. Lamentaciones 3:22 dice: "Por la misericordia de Jehová no hemos sido consumidos, porque nunca decayeron sus misericordias". Por tanto, recuerde que si no hubiera tenido todo el tiempo la misericordia de Dios, compadeciéndose, reteniendo el juicio, usted habría perecido hace mucho tiempo. El dictador cruel es destinatario de la misericordia de Dios. El asesino malvado es destinatario de la misericordia de Dios. Y el corazón más entenebrecido que yace en la más baja miseria en el campo es destinatario de la misericordia de Dios. Eso no significa que serán salvos o convertidos y finalmente alcanzarán al cielo. Pero significa que Dios está retrasando su justicia porque está teniendo misericordia. Está esperando por causa de un Salvador que murió. Todos nosotros somos destinatarios de la misericordia de Dios.

Usted puede preguntar: "Cuando soy perdonado, purificado y liberado, ¿no es eso la misericordia de Dios?" Seguro, eso es la misericordia de Dios para usted, pero todo el tiempo en que usted estuvo pecando contra Él, Él estuvo teniendo compasión de usted. "El Señor...no queriendo que ninguno perezca" (2 Pedro 3:9). Romanos 2:4 dice: "¿O menosprecias las riquezas de su benignidad, paciencia y longanimidad...?" Él está esperando. Dios podría tomar este mundo y apretarlo en su mano como un niño puede apretar un huevo de mirlo, y destruirlo completamente para siempre, si no fuera porque es un Dios misericordioso. Él ve nuestras lágrimas y oye nuestros gemidos con todo amor y misericordia. Él es consciente de todos nuestros sufrimientos aquí abajo.

Todos los hombres somos destinatarios de la misericordia de Dios, pero Dios ha pospuesto la ejecución, eso es todo. Cuando la justicia de Dios confronta la culpabilidad humana, hay una sentencia de muerte, pero la misericordia de Dios—porque ese es además un atributo de Dios, que no contradice al otro sino que obra con él—pospone la ejecución.

La misericordia no puede cancelar el juicio sino mediante la expiación. Cuando la justicia ve la iniquidad, debe haber juicio. Pero la misericordia llevó a Cristo a la cruz. No pretendo entender eso. Soy muy feliz por las cosas que sé, y sumamente feliz por las cosas que no sé.

No sé lo que pasó exactamente allí, en esa cruz; sé que Él murió. Dios el poderoso Hacedor murió por el pecado del hombre, la criatura. Sé que Dios le dio la espalda a ese Hombre santo, santo, santo. Sé que Él entregó el espíritu y murió. Sé que en el cielo está registrada la expiación por toda la humanidad. ¡Sé eso! Y todavía no sé por qué, y no sé lo que ocurrió.

Solamente sé que en la infinita bondad de Dios y en su infinita sabiduría Él elaboró un plan por medio del cual la segunda Persona de la Trinidad, encarnada como un hombre, pudo morir a fin de que pudiera satisfacerse la justicia mientras la misericordia rescataba al hombre por quien Él murió.

Esa es la teología cristiana. Cualquiera sea su denominación, eso es lo que usted necesita para ir al cielo. Usted no puede ir al cielo por "negro spirituals", coros y libros baratos, sino que puede ir al cielo por la misericordia de Dios en Cristo. Eso es lo que enseña la Biblia. La justificación significa que la misericordia y la justicia han colaborado a fin de que cuando Dios se da vuelta y ve la iniquidad, y después ve al hombre de iniquidad corriendo hacia la cruz, Él ya no ve más la iniquidad sino la justificación. Y así somos justificados por fe.

El sufrimiento de Dios

Antes dije que Dios se deleita en el deleite de su pueblo y sufre junto con sus amigos. "En toda angustia de ellos él fue angustiado" (Isaías 63:9). Si usted es un pensador estricto, puede preguntar: "¿Cómo puede sufrir un Dios perfecto?". El sufrimiento significa que en algún lugar hay un desorden. Usted no sufre mientras tiene orden psicológico, mental y físico; cuando se sale del orden, sufre.

Puesto que se declara en la Biblia, usted debe tomarlo por fe, y decir: "Padre, lo creo". Y luego, porque cree, trata de comprender. Y si puede entender, entonces da gracias a Dios; su pequeño intelecto puede divertirse saltando y regocijándose en Dios.

Pero si usted lo lee en la Biblia y su intelecto no lo puede comprender, hay una sola cosa por hacer, y eso es levantar sus ojos y decir: "Señor Jehová, tú lo sabes" (Ezequiel 37:3). Hay muchísimo que no sabemos. El problema con nosotros los evangélicos ¡es que sabemos demasiado! Tenemos demasiada verbosidad; tenemos demasiadas respuestas. Busco al individuo que diga: "Yo no sé, Señor Jehová; tú lo sabes". He aquí alguien que es espiritualmente sabio.

De modo que, ¿cómo puede Dios sufrir? El sufrimiento parecería indicar alguna imperfección, y sin embargo sabemos que Dios es perfecto. El sufrimiento parecería indicar alguna pérdida o falta, y sin embargo sabemos que Dios no puede sufrir ninguna pérdida ni tener falta de nada, porque es infinitamente perfecto en todo su ser. No sé cómo explicar esto. Solamente sé que la Biblia declara que Dios sufre con sus hijos y que en toda angustia de ellos Él es angustiado. En su amor y en su misericordia Él los lleva y les prepara su lecho cuando están enfermos. Sé esto pero no sé cómo es.

Un gran teólogo antiguo dijo en una ocasión: "No rechace un hecho porque no conoce un método". No diga que eso no es así porque usted no sabe cómo es que es así. Hay mucho que usted no puede explicar. Si viene a mí y me pregunta el cómo de las cosas, le haré veinticinco preguntas, una detrás de la otra, acerca de usted mismo: su cuerpo, su mente, su cabello, su piel, sus ojos, sus oídos. Usted no podrá responder ni una pregunta. Pero usa todas esas cosas aunque no las comprende. Yo no sé cómo Dios puede sufrir. Eso es un misterio que podré no conocer jamás.

Muchos escritores de himnos que podrían haber estado cortando el césped en ese momento, en cambio, han escrito canciones. Uno de ellos dice esto: "Me pregunto por qué, me preguntó por qué Él tanto me amó. Amaré y oraré que pueda saber por qué Él tanto me amó". Usted nunca va a saber eso. Hay una sola respuesta a por qué Dios lo amó: porque Dios es amor. Y hay una sola respuesta a por qué Dios tiene misericordia de usted: porque Dios es misericordia, y la misericordia es un atributo de la Deidad. No le pregunte a Dios por qué, sino agradézcale porque realmente lo hace y de una manera tan inmensamente maravillosa.

Voy a parafrasear una pequeña estrofa de cuatro versos escrita por Faber acerca de cómo puede Dios sufrir:

Cómo puedes sufrir tú, oh mi Dios,
Y ser el Dios que eres

Es oscuridad para mi intelecto
Pero sol para mi corazón.

Yo no sé cómo lo hace, pero sé que cuando estoy enfermo, Dios está triste, y sé que cuando estoy abatido, Dios sufre junto conmigo. Y sé que en toda mi enfermedad, Él preparará mi lecho porque su nombre es bondad y su nombre es misericordia.

La cercanía de la misericordia de Dios

La cercanía de la misericordia de Dios es "como el padre se compadece de los hijos" (Salmo 103:13). Después de la Primera Guerra Mundial los Estados Unidos con su gran corazón dieron grandes sumas de dinero a los huérfanos refugiados de Europa, pero no tenían suficiente para satisfacer la necesidad. En uno de los lugares donde estaban recibiendo huérfanos, entró un hombre, muy delgado, con ojos grandes y anormalmente brillantes, mejillas sumidas y brazos delgados, llevando una niñita. Ella también tenía signos de desnutrición: ojos demasiado grandes y brillantes, su pequeño abdomen hinchado, y sus piernitas y brazos demasiado pequeños y demasiado delgados para su edad.

Este hombre la condujo adentro y dijo a la persona que estaba a cargo: "Quisiera que admita a mi niñita". Y le preguntaron si ella era su hija.

"Sí", dijo él.

"Bien", dijeron, "lo lamentamos mucho, pero nuestra regla aquí es que solamente los huérfanos pueden recibir ayuda. Si uno de los padres vive no podemos asumir la responsabilidad porque no tenemos lo suficiente. Hay demasiados totalmente huérfanos para que admitamos a los que no lo son".

Y él miró a su hijita, y ella lo miró de manera inquisidora con ojos grandes y demasiado brillantes, y él se dio vuelta y dijo: "Bueno, usted sabe, no puedo trabajar. Estoy enfermo. He sido maltratado. He estado en prisión. Casi he muerto de hambre, y ahora estoy viejo y no puedo trabajar. Apenas pude traerla tambaleando hasta aquí. Pero la traje para que ustedes cuiden de ella".

Y dijeron: "Lo sentimos mucho, pero no hay nada que podamos hacer".

Él dijo: "¿Quiere decir que si yo estuviera muerto, cuidarían de mi niñita y la alimentarían y podría vivir y tener vestimenta y un hogar?". Respondieron: "Sí". Entonces se agachó, y asió el cuerpecito flacucho de ella y la abrazó fuerte y la besó. Luego puso la mano de ella en la mano del hombre del escritorio y dijo: "Yo arreglaré eso", y salió de la habitación y se suicidó.

Oí esa historia hace años y todavía no la he olvidado. Sigo viendo la imagen del hombre que estaba demasiado enfermo para trabajar, pero que intervino para que su hija obtuviera comida y vestimenta apropiada. Y él dijo: "Me ocuparé de eso", y lo hizo. Eso es misericordia: como un padre se compadece de sus hijos, así el Señor se compadece de los que le temen.

Jesús dijo: "El Hijo del Hombre será entregado en manos de hombres, y le matarán" (Marcos 9:31). Pedro dijo: "Señor...en ninguna manera esto te acontezca" (Mateo 16:22). Pero Jesús dijo, realmente: "Si no lo hago, no vivirás". Y así salió, no para matarse sino para ponerse donde ellos podían matarlo. La misericordia estaba mostrando compasión de la única manera que podía en ese momento, muriendo. De modo que Cristo Jesús nuestro Señor murió allí en esa cruz, porque nos amó y se compadeció de nosotros como un padre se compadece de sus hijos.

Nuestra respuesta a la misericordia de Dios

Nosotros los que hemos recibido misericordia debemos mostrar misericordia. Debemos orar que Dios nos ayude a mostrar misericordia. La recibimos; tenemos que mostrarla. Esta misericordia solamente viene por la expiación. La misericordia solo puede operar hacia nosotros a causa de la expiación. Pero la expiación ya ha sido hecha.

En un himno escrito respecto del libro de Hebreos se dice:

En lo alto donde se halla el templo celestial.
La casa de Dios no hecha de manos,
El gran Sumo Sacerdote se viste de nuestra
    naturaleza,
Aparece el Guardián de la humanidad.

Aunque ya ascendió a lo alto
Se inclina a la tierra con ojos de hermano.
Partícipe del nombre humano,
Conoce la fragilidad de nuestro cuerpo.

Nuestro Compañero en el sufrimiento conserva
Familiaridad con nuestros pesares,
Y todavía recuerda en los cielos
Sus lágrimas, sufrimientos y gritos.

En cada punzada que desgarra el corazón
El Varón de Dolores tiene parte.
Se compadece de nuestra pena
Y al que sufre envía alivio.

Confiadamente, pues, al trono
Traigamos todos nuestros pesares
Pidiendo auxilio al poder celestial
Para que nos ayude en el día malo.

¡Qué maravilloso es esto! Nuestro gran Sumo Sacerdote, quien es el Guardián del hombre, se viste de nuestra naturaleza ante el trono de Dios. Si usted subiera allí cerca del trono de Dios y Dios le permitiera mirar—aunque no sé cómo podría usted mirar esa imponente visión—habría criaturas que no podría identificar. Habría criaturas extrañas allí delante del trono, con cuatro caras y "seis alas; con dos cubrían sus rostros, con dos cubrían sus pies, y con dos volaban" (Isaías 6:2). Usted vería allí ángeles extraños tal como vio Abraham, y como vio Jacob subiendo y bajando por la escalera. No los podría identificar porque usted nunca ha visto un ángel. Supongo que hay otras criaturas allí; leí acerca de ellas en Daniel y Apocalipsis.

Pero sé que al acercarse al trono, usted reconocería una clase de ser. Usted diría: "Mira, mira, mira, ¡reconozco a este! Esta forma me es familiar; ¡conozco esta forma! Este es un hombre, este tiene dos piernas, este tiene dos brazos, ¡este es un hombre!".

"El gran Sumo Sacerdote se viste de nuestra naturaleza, y el Guardián de la humanidad aparece". Aunque usted podría parecer un extraño entre esas extrañas criaturas, allí habría un Ser a quien conocería. Diría: "Crecí entre ellos; los conocí; los he visto por la calle; he visto pequeños y grandes, y negros y amarillos y pelirrojos. Sé que este es un hombre".

Y Él sonreiría desde el trono, porque "aunque ahora ascendió a lo alto, se inclina a la tierra con ojos de hermano. Partícipe del nombre humano, Él conoce la fragilidad de nuestro cuerpo".

No tenga lástima de sí mismo. No tema contarle a Dios todos sus problemas. Él sabe todo acerca de sus problemas. Hay una cancioncita que dice "Nadie sabe el problema que he visto", pero hay Alguien que sabe, bien. Y nuestro Compañero en el sufrimiento sigue estando familiarizado con nuestros dolores y en los cielos sigue recordando sus lágrimas, sus sufrimientos, y sus gritos, aunque ahora está a la diestra del Padre todopoderoso, sentado y coronado en gloria, aguardando, por supuesto ese gran día de la coronación que todavía está por venir. Pero aunque está allí y aunque claman a su alrededor: "Digno es el Cordero" (Apocalipsis 5:12), Él no nos ha olvidado, y no ha olvidado los clavos en sus manos, las lágrimas, los sufrimientos y los gritos.

Él sabe todo sobre usted. ¡Él sabe! Él sabe cuando el médico detesta decirle lo que a usted le pasa, y sus amigos vienen y tratan de ser alentadores de manera poco natural. ¡Él sabe!

Confiadamente, pues, al trono
Traigamos todos nuestros pesares
Pidiendo el auxilio al poder celestial
Que nos ayude en el día malo.

"La misericordia de Dios es un océano divino, un torrente infinito e insondable". Sumerjámonos en la misericordia de Dios y conozcámosla. Espero que usted crea esto, porque va a necesitar desesperadamente esta misericordia si aun no la tiene. La misericordia de Dios en Cristo: ¡amén y amén!

Capítulo 6

La gracia de Dios

Pero Noé halló gracia ante los ojos de Jehová (Génesis 6:8).

Y Jehová dijo a Moisés: También haré esto que has dicho, por cuanto has hallado gracia en mis ojos, y te he conocido por tu nombre (Éxodo 33:17).

Ciertamente él escarnecerá a los escarnecedores, y a los humildes dará gracia (Proverbios 3:34).

Porque de su plenitud tomamos todos, y gracia sobre gracia. Pues la ley por medio de Moisés fue dada, pero la gracia y la verdad vinieron por medio de Jesucristo (Juan 1:16–17).

Siendo justificados gratuitamente por su gracia, mediante la redención que es en Cristo Jesús (Romanos 3:24).

Si por la transgresión de aquel uno murieron los muchos, abundaron mucho más para los muchos la gracia y el don de Dios por la gracia de un hombre, Jesucristo (Romanos 5:15).

> *Para alabanza de la gloria de su gracia, con la cual*
> *nos hizo aceptos en el Amado, en quien tenemos reden-*
> *ción por su sangre, el perdón de pecados según las ri-*
> *quezas de su gracia (Efesios 1:6–7).*
>
> *Mas el Dios de toda gracia, que nos llamó a su gloria*
> *eterna en Jesucristo, después que hayáis padecido un*
> *poco de tiempo, él mismo os perfeccione, afirme, forta-*
> *lezca y establezca (1 Pedro 5:10).*

Como hemos dicho antes, un atributo es algo que Dios es, no algo que Dios *tiene*. La gracia es por lo tanto algo que Dios es. Su significado es muy similar, aunque no el mismo, a misericordia. Así como la misericordia fluye de la bondad de Dios, también la gracia fluye de la bondad de Dios.

La gracia fluye de la bondad de Dios

Sin embargo, la misericordia es la bondad de Dios confrontando la culpabilidad humana, mientras que la gracia es la bondad de Dios confrontando el demérito humano. (Hay una diferencia entre no mérito y demérito. *No mérito* es simplemente una falta; *demérito* significa que, no solamente no hay mérito, sino que además existe lo opuesto al mérito). Cuando la justicia confronta una situación moral, pronuncia muerte; hay una desaprobación divina al punto de la condenación. Dios debe oponerse al hombre, porque el hombre se afirma en el pecado; la justicia debe juzgar. Aun así, la bondad de Dios anhela otorgar bienaventuranza incluso a quienes no la merecen, sino que tienen un demérito específico; y esa bienaventuranza es la gracia.

La gracia es el buen placer de Dios, y es como Dios es. He

dicho una y otra vez que uno de los grandes problemas de la Iglesia es la pérdida del apropiado concepto de cómo es Dios. Y si pudiéramos volver a restaurarlo, podríamos tener un ejército de predicadores yendo y viniendo por el país predicando acerca de lo que Dios es. Los pastores y maestros comenzarían nuevamente a decirle a la gente cómo es Dios. Eso podría dar fuerza y fundamento a nuestra fe.

La gracia es eso de Dios que otorga favor a uno que es justamente desaprobado. En realidad sigo apegándome mucho a las definiciones del hebreo y del griego. Gracia y favor, dicho sea de paso, suelen usarse intercambiablemente en la Biblia inglesa. Se habla cuatro veces más acerca de la misericordia en el Antiguo Testamento que en el Nuevo. Pero extraña y maravillosamente, se habla tres veces más de la gracia en el Nuevo Testamento que en el Antiguo.

"La ley por medio de Moisés fue dada, pero la gracia y la verdad vinieron por medio de Jesucristo" (Juan 1:17). Cristo es el canal por el cual fluye la gracia. Es posible malentender esto. Hemos hecho que signifique que Moisés solo conocía la ley y Cristo conoce solamente la gracia. Esta es la enseñanza típica de este tiempo, pero no es la enseñanza de nuestros padres. Usted no la encontrará en John Bunyan, ni en John Owen, ni en Henry Scougal, ni en ninguno de los puritanos. No la encontrará siquiera en Calvino. No la encontrará entre los grandes evangelistas ni en los padres de la Iglesia ni en los reformadores.

Pensar que porque la ley fue dada por Moisés, Moisés no conoció la gracia, es malinterpretar ese pasaje. Génesis 6:8 dice: "Pero Noé halló gracia ante los ojos de Jehová" antes de que fuera dada ninguna ley. Y después de que la ley fue dada, después de que Moisés estuvo en el monte durante cuarenta días y cuarenta noches, y que Dios hizo descender el fuego y la tormenta, y con su dedo cinceló los Diez Mandamientos de las tablas de piedra, dice: "Por cuanto has hallado gracia en mis ojos, y te he conocido por tu nombre" (Éxodo 33:17).

Dios no trató con Moisés sobre la base de la ley; trató con Moisés sobre la base de la gracia. Y Moisés lo sabía, y dijo: "Ahora, pues, si he hallado gracia en tus ojos, te ruego que me muestres ahora tu camino, para que te conozca, y halle gracia en tus ojos" (33:13).

¿Cómo podría ser que Dios actuara solamente en la ley en el Antiguo Testamento y solo en la gracia en el Nuevo, si Dios no cambia? Si la inmutabilidad es un atributo de Dios, entonces Dios siempre debe actuar como Él mismo. La gracia no va y viene como la marea; no viene como el clima. Dios siempre debe actuar como Él mismo: antes del diluvio y después del diluvio; cuando fue dada la ley y después de que fue dada. La gracia es un atributo de Dios; es decir, algo que Dios es y que no puede ser quitado de Dios sin que deje de ser Dios. Siempre hubo gracia en el corazón de Dios, y ahora no hay más gracia que la que hubo siempre, y nunca habrá más gracia que la que hay ahora.

La gracia: el único medio de salvación

Aquí tenemos dos importantes verdades. (Y quiero que usted las acepte y, la próxima vez que oiga a un profesor o a un predicador decir lo contrario, vaya hacia él y le recuerde esto). La primera verdad es que nunca nadie fue salvado, ni nadie ahora es salvado, ni nadie será salvado jamás, excepto por la gracia. Antes de Moisés nadie fue salvado excepto por gracia. Durante el tiempo de Moisés nadie fue salvado excepto por gracia. Después de Moisés y antes de la cruz, y después de la cruz y desde la cruz y durante toda esa dispensación, durante cualquier dispensación, en cualquier parte, en cualquier tiempo—desde que Abel ofreció su primer cordero ante Dios en el altar humeante—nadie fue salvado jamás de ninguna otra manera que por la gracia.

La segunda verdad es que la gracia siempre viene por Jesucristo. La ley fue dada por Moisés, pero la gracia vino por Jesucristo. Esto no significa que antes de que Jesús naciera de María no había gracia. Dios trató en gracia con la humanidad, mirando hacia la encarnación y muerte de Jesús antes de que Cristo viniera. Ahora, desde que Él vino y fue a la diestra del Padre, Dios vuelve a mirar hacia la cruz cuando nosotros nos volvemos a mirarla. Todos desde Abel en adelante fueron salvos mirando hacia la cruz. La gracia vino por medio de Jesucristo. Y todo el que ha sido salvo desde la cruz es salvo por haberse vuelto hacia la cruz.

La gracia siempre viene por Jesucristo. No llegó con su nacimiento, sino en el antiguo plan de Dios. Ninguna gracia fue jamás administrada a nadie excepto por, y por medio de, y en Jesucristo. Cuando Adán y Eva no tenían hijos Dios perdonó a Adán y Eva por gracia. Y cuando ellos tuvieron a sus dos hijos, uno ofreció un cordero diciendo de ese modo: "Miro hacia el Cordero de Dios". Él aceptó la gracia de Jesucristo miles de años antes de que este naciera, y Dios le dio testimonio de que fue justificado.

La gracia no vino cuando Cristo nació en un pesebre. No vino cuando Cristo fue bautizado o ungido por el Espíritu. No vino cuando Él murió en la cruz; ni vino cuando resucitó de los muertos. No vino cuando Él fue a la diestra del Padre. La gracia vino desde los remotos comienzos por medio de Jesucristo el Hijo eterno, y fue manifestada en la cruz del Calvario, en ardiente sangre y lágrimas y sudor y muerte. Pero siempre ha estado operando desde el principio. Si Dios no hubiera operado en gracia habría barrido a la raza humana. Habría aplastado a Adán y Eva bajo sus talones en terrible juicio, pues eso venía sobre ellos.

Pero como Dios es un Dios de gracia, Él ya tenía planeada una eternidad: el plan de la gracia, "el Cordero que fue inmolado desde el principio del mundo" (Apocalipsis 13:8). No hubo turbación en la estrategia divina; Dios no tuvo que retroceder y decir: "Lo siento, pero confundí las cosas aquí". Simplemente siguió adelante.

Todos reciben en algún grado la gracia de Dios: la mujer más baja del mundo; el hombre más pecador y sanguinario del mundo; Judas; Hitler. Si no hubiera sido porque Dios fue misericordioso, ellos habrían sido cortados y muertos, junto con usted y conmigo y todo el resto. Me pregunto si hay mucha diferencia entre nosotros los pecadores después de todo.

Cuando una mujer barre una casa, algo del polvo es negro, algo es gris, algo de colores claros, pero todo es polvo, y todo va delante de la escoba. Y cuando Dios mira a la humanidad ve a algunos que son moralmente de colores claros, algunos que son moralmente oscuros, algunos que son moralmente con pintitas, pero todo es polvo, y todo va delante de la escoba moral.

De modo que la gracia de Dios está operando hacia todos. Pero la gracia salvadora de Dios es diferente. Cuando la gracia de Dios entra en operación por medio de la fe en Jesucristo acontece el nuevo nacimiento. Pero la gracia de Dios no obstante, retrasa el juicio que vendría hasta que Dios en su bondad haya dado a todos una oportunidad de arrepentirse.

La gracia es lo que Dios es

La gracia es la bondad de Dios, la amabilidad del corazón de Dios, la buena voluntad, la profunda benevolencia. Es como Dios es. Dios es así todo el tiempo. Usted nunca se encontrará con un estrato en Dios que sea duro. Siempre encontrará a Dios misericordioso, en todo momento, y hacia todas las personas siempre. Nunca encontrará ninguna mezquindad en Dios, nunca ningún resentimiento ni rencor ni inquina, porque no hay nada allí. Dios no tiene inquina contra ningún ser. Dios es un Dios de absoluta bondad, cordialidad, buena voluntad y benevolencia. Y sin embargo todas estas obran en perfecta armonía con la justicia y el juicio de Dios. Creo en el infierno y creo en el juicio. Pero creo además que están aquellos a quienes Dios debe rechazar por causa de su impenitencia, aunque haya gracia. Dios seguirá extendiendo su gracia hacia todo su universo. Él es Dios y no puede hacer otra cosa.

La gracia es infinita, pero no quiero que usted haga un gran esfuerzo por comprender la infinitud. Tuve la temeridad de predicar sobre la infinitud unas pocas veces, y me fue bien; al menos *a mí* me fue bien. Tratemos de compararla con nosotros mismos, no con Dios. Dios nunca compara nada de sí mismo con ninguna otra cosa de sí. Es decir, Dios nunca compara su gracia con su justicia, o su misericordia con su amor. Dios es todo uno. Pero Dios compara su gracia con nuestro pecado. "…abundó la gracia de Dios para los muchos…" dice Romanos 5:15 (BTX); "según las riquezas de su gracia" (Efesios 1:7). Y dice Romanos nuevamente: "mas cuando el pecado abundó, sobreabundó la gracia" (5:20). Dios dice "sobreabundó la gracia", pero Dios no tiene grados. El hombre tiene grados.

Una de las peores cosas que usted puede hacer es tomarle a la gente un test de coeficiente intelectual (CI). Cuando estaba en el ejército me hicieron un test de CI y saqué un puntaje muy alto, y he tenido toda una vida para tratar de evitar recordar eso y mantenerme humilde delante de Dios. Pienso en como tuve el puntaje más alto en la cima del cuatro por ciento de todo el ejército, y por supuesto, usted sabe lo que eso hace a una persona. Usted tiene que seguir manteniéndose humilde, y Dios tiene que aleccionarlo para mantenerlo rendido.

Pero no hay nada en Dios que pueda compararse con otra cosa de Dios. ¡Dios es lo que es! Cuando la Escritura dice que la gracia "sobreabunda" no significa que la gracia sobreabunda más que cualquier otra cosa en Dios, sino que sobreabunda más que ninguna otra cosa en nosotros. No importa cuánto haya pecado un hombre, literal y verdaderamente la gracia abunda sobre ese hombre.

El viejo John Bunyan escribió la historia de su vida y la llamó—y creo que es uno de los más magníficos títulos que se le hayan dado a un libro—*Grace Abounding to the Chief of Sinners* (Gracia abundante para el mayor de los pecadores). Bunyan creía sinceramente que era el hombre que menos derecho tenía a la gracia de Dios. ¡La gracia abundó! Para quienes estemos bajo la desaprobación de Dios, quienes por el pecado yacemos bajo sentencia del Dios eterno a la eterna reprobación y destierro, la gracia es una incomprensiblemente inmensa y abrumadora plenitud de benevolencia y bondad. Si solo pudiéramos recordar esto, no jugaríamos ni nos distraeríamos tanto. Si solo pudiéramos recordar la gracia de Dios hacia nosotros que no tenemos otra cosa que demérito, estaríamos abrumados por este atributo incomprensiblemente inmenso, tan grande, tan enorme, que nadie puede jamás captarlo o esperar comprenderlo.

¿Nos habría soportado tanto tiempo Dios si Él solo tuviera una cantidad limitada de gracia? Si Él solo tuviera una limitada cantidad de algo no sería Dios. No debería usar la palabra "cantidad", porque "cantidad" significa "una medida", y usted no puede medir a Dios en ninguna manera. Dios no mora en ninguna dimensión y no puede ser medido de ninguna manera. Las medidas pertenecen a los seres humanos. Las medidas pertenecen a las estrellas.

La distancia es el trayecto que los cuerpos celestiales recorren en el espacio que ocupan y su relación con otros cuerpos celestiales. La luna está a una distancia de 250.000 millas. El sol a una distancia de 93 millones de millas, y cosas así. Pero Dios nunca le da cuenta a nadie por nada de lo que Él es. La inmensidad de Dios, la infinitud de Dios debe significar que la gracia de Dios debe ser siempre inmensurablemente abundante. Cantamos "Sublime gracia", ¡por supuesto que sí es sublime! ¿Cómo podemos comprender la plenitud de la gracia de Dios?

Cómo mirar a la gracia

Hay dos maneras de pensar respecto a la gracia de Dios: una es mirarse a sí mismo y ver cuán pecador era y decir:

"La gracia de Dios debe ser grande, debe ser inmensa como el espacio para perdonar a un pecador como yo". Esa es una manera y es una buena manera, y probablemente esa es la manera más popular.

Pero hay otra manera de pensar en la gracia de Dios. Piense en ella como la manera en que es Dios: como Dios siendo Dios. Y cuando Dios muestra gracia a un pecador Él no está siendo dramático; está actuando como Dios. Él nunca actuará de otra manera sino como Dios. Por otro lado, cuando ese hombre a quien la justicia ha condenado da la espalda a la gracia de Dios en Cristo y rehúsa permitirse ser rescatado, vendrá el tiempo en que Dios deba juzgar al hombre. Y cuando Dios juzga al hombre actúa como Él mismo juzgando al hombre. Cuando Dios muestra amor a la raza humana actúa como Él mismo. Cuando Dios muestra el juicio a "los ángeles que no guardaron su dignidad" (Judas 6), Él actúa como Él mismo.

Dios siempre actúa de conformidad con la plenitud de su propia naturaleza simétrica absolutamente perfecta. Dios siempre siente esa abrumadora plenitud de bondad y la siente en armonía con todos sus otros atributos. No hay frustración en Dios. Todo lo que Dios es lo es en completa armonía, y nunca hay frustración en Él. Pero todo esto Él lo depositó en su Hijo eterno.

Muchas personas hablaron de la bondad de Dios y luego se volvieron sentimentales al respecto y dijeron: "Dios es demasiado bueno para castigar a alguien", y así han descartado el infierno. Pero el hombre que tiene una adecuada concepción de Dios no creerá solamente en el amor de Dios, sino también en la santidad de Dios. No solo creerá en la misericordia de Dios, sino también en la justicia de Dios. Y cuando usted ve al Dios eterno en su santa y perfecta unión, cuando ve al Dios único actuando en juicio, sabe que el hombre que elige el mal nunca debe morar en la presencia de este Dios santo.

Pero muchas personas han ido demasiado lejos y han escrito libros y poesía que deja a todos creyendo que Dios es muy bueno, amoroso y tierno. Dios es tan bueno que la infinitud no puede medirlo. Y Dios es tan amoroso que es inmensurablemente amoroso. Pero Dios también es santo y justo.

Recuerde que la gracia de Dios solamente viene por medio de Jesucristo, y solo es canalizada por medio de Jesucristo. La segunda Persona de la Trinidad abrió el canal y la gracia fluyó. Fluyó desde el día en que Adán pecó a través de todos los tiempos del Antiguo Testamento, y nunca fluye de ninguna otra manera. De modo que no escribamos poesía fantasiosa acerca de la bondad de nuestro Padre celestial quien es amor: "El amor es Dios y Dios es amor, y el amor es todo en todos, y todo es Dios, y todo estará bien". Eso es un resumen de la enseñanza de estos días. Pero es una falsa enseñanza.

La gracia es manifestada en la cruz

Si yo quiero conocer esta gracia inmensurable, esta irresistible, asombrosa bondad de Dios, tengo que pasar bajo la sombra de la cruz. Tengo que venir adonde Dios manifiesta la gracia. Debo estar anhelándola o volverme hacia ella. De una u otra manera debo mirar a esa cruz donde Jesús murió. La gracia fluyó de su costado herido. La gracia que fluyó allí salvó a Abel, y la misma gracia lo salva a usted.

"Nadie viene al Padre, sino por mí", dijo el Señor Jesucristo (Juan 14:6). Y Pedro dijo: "No hay otro nombre bajo el cielo, dado a los hombres, en que podamos ser salvos", excepto el nombre de Jesucristo (Hechos 4:12).

La razón para eso es, por supuesto, que Jesucristo es Dios. La ley pudo venir por medio de Moisés y solo la ley pudo venir por Moisés. Pero la gracia vino por Jesucristo. Y vino desde el principio. Solo podía venir por medio de Jesucristo porque no había nadie más que fuera Dios y que pudiera morir. Nadie más podía tomar sobre sí la carne y seguir siendo el Dios infinito. Y cuando Jesús caminó por la tierra y acarició cabezas de bebés, perdonó a las rameras, y bendijo a la humanidad, Él era simplemente Dios actuando como Dios en una situación dada. En todo lo que Dios hace actúa como Él mismo.

Pero este acto de Jesús, este acto divino, es además un acto humano. No podía ser solamente un acto divino, pues tenía que ser por el hombre. No podía ser un acto solamente humano, pues solamente Dios podría salvar. Fue un acto divino y un acto humano. Fue un acto histórico, un acto hecho de una vez y para siempre, hecho allí en la oscuridad del madero, oculto allí, ese acto secreto en la oscuridad, nunca repetido. Perteneció a Dios y fue aceptado por Dios el Padre todopoderoso que lo levantó de los muertos al tercer día y lo llevó a su propia diestra.

De modo que no nos degrademos a nosotros mismos vulgarizando la expiación. Durante la última, o las dos últimas generaciones, algunos predicadores populares han comercializado la expiación. Son buenos hombres, y han ganado a algunos para Cristo, y doy gracias a Dios por todos los que han sido ganados, pero aun cuando gane personas para Cristo, aunque los gane en grandes cantidades, usted puede estar muy errado y establecer un énfasis equivocado, iniciando una tendencia que es mala.

Estos predicadores han comercializado la expiación dándonos la doctrina de "pagar un precio". Creo que Él pagó bien el precio, y yo puedo cantar "Jesús lo pagó todo, le debo todo a Él", pero no debemos simplificarlo e ilustrarlo, o vulgarizamos la expiación. No sé cómo lo hizo. Solo puedo estar de pie como estuvo Ezequiel en el valle de los huesos secos, levantar mi cabeza hacia Dios y decirle: "Señor Jehová, tú lo sabes" (37:3). Volviendo allí, cuando el profeta dijo que Él volvería, y que sería el rescate por muchos, ellos no sabían bien sobre qué estaban escribiendo, dice Pedro (vea 1 Pedro 1:10–11). Y hasta los ángeles miraban las plumas que escribían sobre el papel antiguo la historia del Mesías venidero. Mirando por encima del hombro de los profetas mientras escribían, los ángeles deseaban mirar en eso (1:12). Ni siquiera los ángeles con visión aguda que rodean el trono de Dios saben cómo Él lo hizo.

Algunas cosas que no sabemos

En secreto, allí en la oscuridad, Él hizo un acto de una vez y para siempre, que nunca se hizo antes y que nunca se volverá a hacer. Y porque Él hizo eso, la gracia de Dios fluye hacia todos los hombres. Recordemos que ángeles y profetas, y aun Pablo dijo: "E indiscutiblemente, grande es el misterio de la piedad: Dios fue manifestado en carne, justificado en el Espíritu, visto de los ángeles, predicado a los gentiles, creído en el mundo, recibido arriba en gloria" (1 Timoteo 3:16). Muchos eruditos serios y respetables están prestos a decir que la mente de Pablo fue una de las más grandes que jamás se hayan conocido en la raza humana, excepto, por supuesto, por la perfecta mente de Cristo. Pero esta poderosa mente nunca trató de entenderlo. Dijo: "Grande es el misterio de la piedad" (3:16), y eso es todo.

Nosotros somos salvos por su sangre, pero ¿cómo somos salvos por su sangre? Estamos vivos por su muerte, pero ¿por qué estamos vivos por su muerte? La expiación se realizó en su muerte, pero ¿cómo se realizó la expiación en su muerte? No la vulgaricemos tratando de entender esto. Pero pongámonos de pie y miremos a la cruz, y digamos: "Oh Señor Jehová, tú lo sabes. Digno es el Cordero que fue inmolado".

Y si los ángeles pueden ser envidiosos, miran sobre nosotros los pecadores rescatados y desean mirar en ello. Pero Dios dijo a los ángeles, los espíritus que están allí delante del trono que pueden soportar la ardiente dicha, pero que nunca han conocido un mundo pecador como este: "Vayan a ayudar a mi pueblo". Los envía para ser espíritus ministradores de aquellos que serán herederos de la salvación. Pero Él nunca se los explica. Y dudo que haya un ángel o un arcángel en algún lugar del cielo que comprenda lo que sucedió allí en esa cruz.

Sabemos que Él murió; sabemos que porque Él murió nosotros no tenemos que morir. Sabemos que Él resucitó de los muertos y porque Él resucitó de los muertos, nosotros que creemos en Él resucitaremos de los muertos. Sabemos que Él fue a la diestra de Dios y se sentó, perfectamente aprobado, en medio de las aclamaciones de la multitud celestial. Y sabemos que porque Él lo hizo nosotros iremos allí con Él. Pero ¿por qué? Dios ha silenciado para siempre este secreto en su propio gran corazón. Y solo podemos decir: "Digno es el Cordero".

Cree solamente

Bien, no intentemos entender, solo creamos. Hace cien años que la Iglesia comenzó a intentar explicar la expiación. ¡Cien años! Los padres nunca lo intentaron; Pablo nunca lo intentó; Pedro nunca lo intentó. Fue solamente cuando entró la influencia griega que los hombres comenzaron a tratar de pensar a su manera en eso y a darnos explicaciones. Y yo aprecio esas explicaciones. Pero, por mi parte, solo me pongo de pie, lo miro a Él, y digo: "¡Yo no sé, yo no sé!"

No sé cómo lo hizo o lo que significa todo eso más que un bebé de dos años que mira el rostro de su madre y dice: "Madre, ¿como llegué aquí?" La madre sonríe y dice: "Lo sabrás después". Ella sabe que un intelecto de dos años no comprenderá. Creo que cuando decimos: "Oh Dios, ¿cómo es esto?" Dios no dice: "Lo sabrás después". Creo que dice: "Cree en mi Hijo". Porque lo que es de la tierra Él nos permite saberlo, pero lo que es del cielo, lo guarda en su propio gran corazón. Y lo que no dirá a los ángeles, quizás no nos lo dirá a nosotros.

¡Oh la maravilla de esto, la majestuosidad de esto! ¿Podemos predicar demasiado acerca de esto? ¿Podemos cantar demasiado acerca de esto? ¿Podemos orar demasiado, podemos insistir demasiado? Tal vez deberíamos dejar de esforzarnos por comprender y simplemente oír la historia de la gracia contada por el Señor de toda gracia y fuente de toda misericordia, creída por los de sencillo corazón:

Un hombre tenía dos hijos; y el menor de ellos dijo a su padre: Padre, dame la parte de los bienes que me corresponde; y les repartió los bienes. No muchos días después, juntándolo todo el hijo menor, se fue lejos a una provincia apartada; y allí desperdició sus bienes viviendo perdidamente. Y cuando todo lo hubo malgastado, vino una gran hambre en aquella provincia (Lucas 15:11-14).

Y este ingrato muchacho, que había demandado su parte antes de la muerte de su padre, violando así uno de los más delicados convencionalismos de la sociedad humana, fue y pidió un empleo para alimentar cerdos ¡y él era judío! Las cosas empeoraban más y más y él no tenía nada; finalmente tuvo que empujar a un lado a un cerdo y tratar de comer algunas de las vainas. Y los que alimentaban a los cerdos no le daban nada. Le dijeron: "Déjalas; son para los cerdos". Pero él logró mantenerse con vida.

Hasta que un día "entró en razón" (15:17, NTV). Él había sido otro, pero ahora volvió en sí. ¡Eso es arrepentimiento! Y pensó en su hogar, en su Padre, y supo que su Padre no había cambiado. Eso es lo que Jesús trataba de decirnos: el Padre no ha cambiado.

Hace mucho tiempo, cuando tenía poco más de veinte años, oí que el hijo pródigo era un reincidente, pero no lo leí en el capítulo quince de Lucas. Él no pudo ser un reincidente y adecuarse a todas las circunstancias. Había oído que él era un pecador, pero no pude oír a Dios hablar de un pecador: "Este mi hijo muerto era, y ha revivido". Él no se adecuaba a las circunstancias.

De modo que fui a Dios y le dije: "Dios, ¿me muestras?" Luego me aparté a solas. Súbitamente el entendimiento destelló sobre mí, y nunca he tenido razones para dudar de que ese fue Dios enseñándome su Biblia. Nunca he oído a nadie decir esto, y no hice mucho alboroto al respecto. Pero Dios dijo a mi corazón: *El hijo pródigo no es un reincidente ni un pecador. El hijo pródigo es la raza humana; se fue al chiquero de cerdos en Adán y volvió en Cristo, mi Hijo.*

Hay otras dos parábolas allí en Lucas: la parábola de la oveja perdida y la parábola de la moneda perdida. La oveja que vagaba era parte de la raza humana que sería salvada, y cuando regresa es parte de la raza humana que es redimida y acepta la redención. De modo que todos los de toda raza y color del mundo que han vuelto, todos volvieron en Cristo. Y todos han vuelto en la persona de ese pródigo.

¿Sabe usted cómo encontraron que era el Padre? Encontraron que Él no había cambiado en absoluto, a pesar de los insultos, las injusticias, y sus vecinos que lo apenaban diciendo: "Oh, ¿no es terrible la manera en que ese muchacho trató a su pobre y anciano papá?". Su padre fue humillado y avergonzado, dolido, angustiado y desconsolado, pero cuando el muchacho regresó, él no había cambiado en absoluto.

Jesús nos estaba diciendo: "Ustedes se alejaron en Adán, pero están volviendo en Cristo. Y cuándo vuelvan encontrarán que el Padre no ha cambiado. Él es el mismo Padre que era cuando todos se fueron, cada hombre por su propio camino. Pero cuando vuelvan en Jesucristo lo encontrarán exactamente igual que cuando lo dejaron: sin cambios". Y el Padre corrió y lo abrazó y le dio la bienvenida, y le puso una túnica y un anillo y dijo: "Este mi hijo muerto era, y ha revivido" (15:24). Esta es la gracia de Dios. ¿No vale la pena creerla, predicarla, enseñarla, y cantar acerca de ella mientras el mundo permanezca?

Dónde está la gracia

Si usted está fuera de la gracia de Dios, ¿sabe dónde está la gracia? Eleve sus ojos a Jesús, y allí está la gracia de Dios fluyendo gratuitamente para usted: toda la gracia que usted necesita. Si usted aprieta los dientes contra Él, la gracia de Dios podría incluso no existir para usted. Y Cristo incluso podría no haber muerto. Pero si se entrega a Él y vuelve al hogar, entonces toda la irresistible, incomprensible plenitud de bondad y benevolencia de las magníficas e ilimitadas riquezas de la naturaleza de Dios están de su lado. Hasta la justicia está del lado del pecador que vuelve: "Él es fiel y justo para perdonar nuestros pecados" (1 Juan 1:9). Todos los infinitos atributos de Dios se regocijan juntos cuando un hombre cree en la gracia divina y vuelve al hogar.

Padre: oramos por todos nosotros, que tú quites nuestra pretensión de superioridad moral, incluso todo pequeño y andrajoso rastro de santurronería que hubiere quedado. Sálvanos de nosotros mismos. Que la gracia del Calvario abunde, y enséñanos que no es por gracia y algo más, sino solamente por gracia, tu bondad, tu favor en Cristo Jesús. Esto lo pedimos en el nombre del Señor que nos ama. Amén.

Capítulo 7

La omnipresencia de Dios

Pero ¿es verdad que Dios morará sobre la tierra? He aquí que los cielos, los cielos de los cielos, no te pueden contener; ¿cuánto menos esta casa que yo he edificado? (1 Reyes 8:27).

¿Soy yo Dios de cerca solamente, dice Jehová, y no Dios desde muy lejos? (Jeremías 23:23).

Para que busquen a Dios, si en alguna manera, palpando, puedan hallarle, aunque ciertamente no está lejos de cada uno de nosotros. Porque en él vivimos, y nos movemos, y somos (Hechos 17:27–28).

A Jehová he puesto siempre delante de mí; porque está a mi diestra, no seré conmovido (Salmo 16:8).

¿A dónde me iré de tu Espíritu? ¿Y a dónde huiré de tu presencia? Si subiere a los cielos, allí estás tú; y si en el Seol hiciere mi estrado, he aquí, allí tú estás. Si tomare las alas del alba y habitare en el extremo del mar, aun allí me guiará tu mano, y me asirá tu diestra (Salmo 139:7–10).

Estos pocos textos ciertamente no agotan la gran riqueza de pasajes de la Escritura que tratan el tema de la omnipresencia de Dios. Pero me gusta explicar las cosas remontando todo hasta Dios mismo y mostrando que las enseñanzas de las Santas Escrituras tienen su origen en la naturaleza de Dios. Son lo que son porque Dios es lo que es. Estas enseñanzas se basan en el carácter de Dios y están garantizadas por los inmutables atributos del Señor Dios todopoderoso, el Anciano de Días.

Lo que es la omnipresencia

Quiero explicar brevemente lo que es la omnipresencia y luego mostrar lo que significa en la experiencia humana. Que Dios es omnipresente, se cree, por supuesto, en todas las iglesias que creen en la Biblia. No estoy presentando nada nuevo. La omnipresencia significa que Dios está presente en todo lugar. Dios está cerca (pues eso es lo que la palabra significa: "junto a, cerca de, aquí") en todo lugar. Él está cerca de todo y de todos. Él está aquí; Él está junto a usted donde sea que usted pueda estar. Y si usted lanza la furiosa pregunta: "¿Oh Dios, dónde estás?", vuelve la respuesta: "Yo estoy donde tú estás; estoy aquí; estoy a tu lado; estoy cerca en todo lugar". Eso es lo que dice la Biblia.

Hay razón para esto además de la evidencia de la Escritura. Si tuviéramos la Escritura y ninguna razón, lo seguiríamos creyendo. Pero como tenemos Escritura para declararlo y razones para gritar: "Es verdad, yo sé que es verdad", podemos estar seguros de que Dios es omnipresente. Si hubiera algún límite para Dios, si hubiese algún lugar donde Dios no estuviera, ese lugar marcaría los confines o límites de Dios. Y si Dios tuviera límites, no sería el Dios infinito. Algunos teólogos llaman *inmensidad* a la infinitud de Dios, pero esa no es una palabra lo suficientemente amplia. *Inmensidad* simplemente significa que, sea lo que fuere a lo que usted se esté refiriendo, es tremenda y sumamente grande. Pero *infinitud* significa que no hay manera de decir que Dios es grande. Como es infinito, solamente podemos decir que no tiene tamaño alguno; no se puede medir a Dios en ninguna dirección. Dios es infinito y perfecto. Siempre que se tenga finitud se tiene *algo creado*, no a Dios.

Dios está igualmente cercano a todas las partes de su universo. Pensamos de manera correcta en Dios y en las cosas espirituales cuando descartamos totalmente el concepto de espacio. Dios, siendo infinito, no mora en el espacio; Él absorbe todo el espacio. La Escritura dice: "¿No lleno yo, dice Jehová, el cielo y la tierra?" (Jeremías 23:24) y eso suena como si Dios estuviera contenido en el cielo y la tierra. Pero en realidad Dios llena el cielo y la tierra como el océano llena un balde que ha sido sumergido en él a una milla de profundidad. El balde está lleno del océano, pero el océano rodea al balde en todas direcciones. De modo que cuando Dios dice que Él llena el cielo y la tierra, Él lo hace. Pero el cielo y la tierra están sumergidos en Dios, y todo el espacio también. "Los cielos y los cielos de los cielos no pueden contenerlo" (2 Crónicas 2:6). Dios no es contenido. Dios contiene. Y allí está la diferencia. "Porque en él vivimos, y nos movemos, y somos" (Hechos 17:28).

Hablamos de que Dios está cerca de nosotros o del problema de que Dios esté lejos. No pensamos de manera correcta porque pensamos geográfica o astronómicamente;

pensamos en años luz o metros o pulgadas o millas o leguas. Pensamos que Él mora en el espacio, lo que no hace. En realidad Él contiene al espacio de modo que el espacio está en Dios. Nunca hay problema en cuanto a que Dios esté en algún lugar, pues el hecho es que, como dice el texto, Dios está en todo lugar.

Yo creo lo que Dios dice y dejo los problemas a quienes no creen. La Escritura dice: "Si subiere a los cielos, allí estás tú; y si en el Seol hiciere mi estrado, he aquí, allí tú estás" (Salmo 139:8). No lo comprendo, pero recuerde que John Wesley decía que no rechacemos algo solo porque no lo podamos entender. La omnipresencia de Dios requiere que donde sea que haya algo—incluso en el infierno—la presencia de Dios debe estar.

¿Por qué es, entonces, que el mundo piensa que Dios está infinitamente distante, o como dice la canción: "muy lejos, más allá del cielo iluminado por estrellas"? Cuando el mundo ora, generalmente ora sin la menor sensación de la cercanía de Dios. Siempre Dios está en algún otro lugar. Siempre Dios está lejos. ¿Por qué es esto?

Nuestra lejanía de Dios

La razón es que en las cosas espirituales la cercanía y la similitud de algo son lo mismo. La lejanía significa disimilitud.

Cuando se trata de personalidad, cuando se trata de espíritus, cuando se trata de lo que no es material, la distancia no significa nada. Jesús pudo irse a la diestra de Dios el Padre y aun decir a las personas de la tierra: "Yo estoy con vosotros todos los días" (Mateo 28:20) porque Jesucristo es

Dios, y Dios, siendo espíritu, puede estar instantáneamente en todo lugar al mismo tiempo.

Pero estamos separados de Dios—no porque Dios esté espacialmente lejos de nosotros, no porque Él esté distante como una galaxia o estrella lejana—sino porque hay una disimilitud de naturaleza. Cuando pensamos en las cosas espirituales, proyectamos sobre ellas nuestros propios conceptos humanos. Uno de los desafíos del maestro de la Biblia es quebrar esos conceptos humanos, aunque no muchos de ellos lo intentan. Uno de los desafíos del Espíritu Santo—si es que Él tiene desafíos—es que su pueblo se espiritualice tanto que ya no piense en conceptos materiales.

Por ejemplo, sus amigos son quienes están más cerca de usted, y cuanto más íntimo sea el amigo, más cerca es probable que esa persona esté. Pero su enemigo quiere poner tanto espacio entre usted y él como sea posible. De modo que tendemos a pensar que nuestros amigos están cerca de nosotros y nuestros enemigos, lejos. Como el mundo lo entiende, cuanto más lejos esté su enemigo, mejor, porque usted piensa en términos espaciales.

Esa no es la manera en que deberíamos pensar en Dios. No hay ningún lugar adonde usted pueda ir y no encuentre a Dios. El salmista dice: "Si dijere: Ciertamente las tinieblas me encubrirán; aun la noche resplandecerá alrededor de mí. Aun las tinieblas no encubren de ti, y la noche resplandece como el día; lo mismo te son las tinieblas que la luz" (Salmo 139:11–12). No hay ningún lugar al que podamos ir porque "Tú has conocido mi sentarme y mi levantarme; has entendido desde lejos mis pensamientos" (Salmo 139:2). No tenemos el problema de la distancia o la lejanía cuando venimos a Dios. Lo que hace de esto una asamblea cristiana es que Dios está aquí.

Dos criaturas pueden estar en la misma habitación y sin embargo estar separadas millones de millas. Por ejemplo, si fuera posible colocar a un simio y a un ángel en la misma habitación, no habría compatibilidad, ni comunión, ni entendimiento, ni amistad; solo habría distancia. El ángel reluciente y el simio baboso e incoherente estarían muy, muy separados uno del otro. Cuando se trata de algo que es intelectual o espiritual o del alma, el espacio, la materia, el peso y el tiempo no significan absolutamente nada.

Por esa razón puedo pararme con una sonrisa ante todos los "muchachos espaciales". Ellos nos dicen que si se pudiera acelerar una regla de doce pulgadas a la velocidad de la luz, perdería su longitud y no tendría ninguna en absoluto: sería "carente de longitud". ¿Sabía usted eso? Se supone que esa información lo dejaría a usted helado y haría que dejara de orar. A mí no me impide orar, porque yo no pienso en términos espaciales. No pienso en términos de velocidad o distancia, porque Dios, siendo espíritu, está precisamente aquí. Y nunca estará lejos, y nunca podrá estar más cercano de lo que está ahora mismo.

La razón por la cual sentimos que Dios está lejos es porque hay una disimilitud entre caracteres morales. Dios y el hombre son disímiles ahora. Dios hizo al hombre a su imagen, pero el hombre pecó y se hizo diferente de Dios en su naturaleza moral. Y debido a que es diferente de Dios, la comunión está rota. Dos enemigos pueden odiarse y estar separados y lejos aunque por un momento se vean obligados a estar juntos. Hay una separación allí y así es exactamente como la Biblia llama a la incompatibilidad moral entre Dios y el hombre.

Dios no está lejos en distancia, pero parece estarlo porque está lejos en carácter. Él es diferente al hombre porque el hombre ha pecado y Dios es santo. La Biblia tiene una palabra para esta incompatibilidad moral, esta diferencia espiritual entre Dios y el hombre: separación.

El libro de Efesios nos dice qué es lo que al mundo le da la sensación de que Dios está "lejos, más allá del cielo iluminado por las estrellas":

> Y él os dio vida a vosotros, cuando estabais muertos en vuestros delitos y pecados, en los cuales anduvisteis en otro tiempo, siguiendo la corriente de este mundo, conforme al príncipe de la potestad del aire, el espíritu que ahora opera en los hijos de desobediencia, entre los cuales también todos nosotros vivimos en otro tiempo en los deseos de nuestra carne, haciendo la voluntad de la carne y de los pensamientos, y éramos por naturaleza hijos de ira, lo mismo que los demás (Efesios 2:1–3).

Luego en el capítulo cuatro leemos:

> Esto, pues, digo y requiero en el Señor: que ya no andéis como los otros gentiles, que andan en la vanidad de su mente, teniendo el entendimiento entenebrecido, ajenos de la vida de Dios por la ignorancia que en ellos hay, por la dureza de su corazón; los cuales, después que perdieron toda sensibilidad, se

entregaron a la lascivia para cometer con avidez toda clase de impureza (4:17–19).

¿Podrían estos versículos describir a Jesús, que es Dios encarnado, que es en carácter todo lo que Dios es, de manera perfecta? ¡No! Describen al pecador alienado, que tiene el entendimiento entenebrecido. ¿Describen al glorioso Hijo de Dios: ignorante, duro de corazón, sin sensibilidad, entregado a la lascivia, andando en impureza y avidez? ¡Por supuesto que no! Describen exactamente lo contrario de Jesús.

Esos versículos muestran que el pecador es tan disímil a Dios que la distancia es de carácter, no de espacio. Dios no está ni una pulgada lejos del pecador. Y sin embargo, está alejado del pecador. ¿Me estoy contradiciendo? ¡En absoluto! Como Dios es omnipresente—cercano a todo lugar, próximo a todo lugar—la distancia es la del carácter, no la del espacio.

Cuando el pecador ora: "Oh Dios, sálvame y perdóname por los méritos de Jesús", él no llama a Dios para que descienda de su altísimo trono. *Dios ya está allí.* Y él sabe en ese momento que Dios está allí. Pero es una disimilitud de carácter lo que hace la diferencia.

Suponga que un hombre muy, muy piadoso, y un hombre muy licencioso, abandonado y malo fueran obligados a sentarse juntos en un viaje. ¿De qué podrían hablar? Tendrían que hallar un tema en común, y podría ser el paisaje o aquel hermoso árbol, pero nunca podrían tener comunión. Podrían si el pecador escuchara el testimonio apremiante del hombre bueno. Pero mientras el pecador se cerrara y dijera: "Usted no puede hablarme de Dios", no habría comunión.

Estarían separados por millas aunque fueran de la misma nacionalidad, la misma edad, y viajaran en el mismo vehículo.

Así es con Dios y el hombre. Dios está lejos del hombre, y el hombre está lejos de Dios, y es por esa razón que el mundo busca a Dios "si en alguna manera, palpando, puedan hallarle" (Hechos 17:27). Ellos no lo hallan porque Dios y el hombre son disímiles en su naturaleza moral. Dios está en completa santidad; el hombre en completa iniquidad; y las dos nunca pueden reunirse. Por esa razón Dios parece tan lejano.

Ilustraciones de la Escritura

Cuando Adán pecó corrió y se escondió de la presencia de Dios. Oí hablar a un rabino judío la otra noche por radio, y dijo que una vez un rabino judío muy piadoso estaba en la cárcel. El carcelero sentía interés por el anciano. Fue hacia el rabino y le dijo: "Rabino, tengo una pregunta teológica que quisiera hacerle, de su propia Biblia. ¿Usted cree que Dios lo sabe todo?"

"Oh, ciertamente", dijo el rabino.

"Bueno, ¿cómo es entonces que Dios dijo: 'Adán, donde estás'? Si Dios sabía donde estaba, ¿por qué preguntó?".

"Bueno, hijo", respondió el rabino, "eso no es difícil. Dios dijo 'Adán, ¿dónde estás?' no porque Él no supiera donde estaba Adán, sino porque Adán no sabía donde estaba. La pregunta era para Adán. Adán estaba perdido, no Dios".

Dios sabía donde estaba Adán, pero él no sabía donde estaba. Adán estaba separado de Dios, y creo que el anciano rabino tuvo la explicación correcta. De manera similar, en Génesis 18:21 Dios dijo: "Descenderé ahora, y veré", pero eso no significaba que Dios descendería para obtener información como un reportero de un periódico. El gran Dios sabe todo en un acto instantáneo y perfecto. Y sin embargo Él desciende entre nosotros y actúa como nosotros y dice: "Descenderé y veré".

Cuando Jonás rehusó obedecer a Dios, se fue y enajenó su corazón, se subió a un barco para huir de la presencia de Dios. Él pensaba que podría huir de Dios. ¡Qué necio de su parte creer que podría huir de Dios! Luego ahí estaba Pedro, que se arrodilló y dijo: "Apártate de mí, Señor, porque soy hombre pecador" (Lucas 5:8).

Es el corazón el que pone distancia entre nosotros y Dios. No debemos pensar a Dios como estando lejos, por la razón de que Dios no mora en el espacio y "los cielos de los cielos no pueden contenerlo" (2 Crónicas 2:6), sino que Él contiene los cielos de los cielos. Y por lo tanto Dios está cerca de usted ahora, más cerca de lo que usted está de sí mismo.

Y no obstante el pecador está lejos de Dios. No está lejos de Dios, pero lo está. Dios no está lejos como un dios romano allí arriba de un monte santo. Dios en su santa disimilitud está lejos de todo lo pecaminoso. Él está lejos en el sentido de separación y enemistad. El hombre natural no puede agradar a Dios (vea Romanos 8:8), pues Dios y el hombre están separados. Esta es la terrible ley del mundo: separación.

La dicha de las criaturas morales

Como Dios no puede tener en su cielo santo a seres que son moralmente disímiles a Él, tiene que haber un lugar para poner a los que se rehúsan a volverse como Dios. Debemos ser como Él para entrar allí; lo veremos y seremos como Él, dice el Espíritu Santo en Primera Juan 3:2. Esto—la presencia de Dios—es la dicha de toda criatura moral. Nuestros padres la llamaban la Visión Beatífica.

Así como la luz del sol es la dicha de todas las criaturas que aman el sol, y salen de su escondite para volar o arrastrarse o nadar cuando el sol regresa, así la presencia de ese Dios Santo es la dicha de todas las criaturas morales. Y la ausencia de ella es el terror, la angustia, y el dolor de todas las criaturas caídas. No hablo de la presencia de Dios, sino de la presencia *manifiesta* de Dios. Existe una gran diferencia.

La presencia de Dios está incluso en el infierno, dice el Santo Espíritu en el Salmo 139, pero su presencia manifiesta solamente está en el cielo y donde están las almas buenas. Por lo tanto, estamos tan cerca de Dios que Él puede oír nuestro más leve susurro, y, sin embargo, una persona puede tener tal sensación de separación y lejanía que irá al río y se suicidará, pensando que no existe Dios en ninguna parte del universo.

Esto explica nuestras muchas actividades; esto explica prácticamente todos los entretenimientos del mundo. La gente inventa toda clase de entretenimiento porque no puede vivir consigo misma sabiendo que está separada de Dios. No puede vivir sabiendo que hay una disimilitud moral que eternamente y para siempre mantendrá una sensación de infinito distanciamiento entre su alma y su Dios, quien es su vida y su sol.

Si no hubiera fuego en el infierno, y no hubiera "gusano... [que] no muere" (Marcos 9:48), el infierno sería suficientemente infierno, porque las criaturas morales están cortadas para siempre de la luz del rostro de Dios. Y si no hubiera calles de oro, ni muros de jaspe, ni ángeles, ni arpas, ni criaturas vivientes, ni ancianos, ni mar de cristal, el cielo sería suficientemente cielo, porque veremos su rostro y su nombre estará en nuestras frentes.

Es la presencia manifiesta y consciente de Dios lo que hace que el cielo sea cielo. Y es el rechazo de Dios a manifestar su presencia a quienes no quieren ser buenos lo que hace al infierno lo que es, y hace al mundo lo que es. Si Dios manifestara su presencia a todas las personas en toda la tierra, todo club nocturno estaría vacío, o se convertiría en un dichoso lugar de oración. Toda casa de mala fama se vaciaría en cinco minutos, y todos con profundo arrepentimiento y angustia de corazón, estarían de rodillas ante Dios pidiendo perdón y llorando con lágrimas de felicidad. Es la presencia de Dios lo que da dicha a las criaturas morales y la ausencia de Dios, lo que les trae eterna aflicción.

La gente rechaza el sol y sigue queriendo un día brillante. De modo que inventa toda clase de luces imaginables y hace girar toda clase de lámparas romanas sobre sus cabezas para obtener un poco de luz. A eso lo llamamos entretenimiento, teatro y todo lo demás. Ayuda a la gente a olvidar que está sin Dios.

La naturaleza humana es tan disímil a la naturaleza de Dios que crea un abismo remoto, eterno e infranqueable. El etíope no puede cambiar su piel, ni el leopardo sus manchas (vea Jeremías 13:23); en otras palabras, la persona nacida en pecado no puede salir de él. Dios nunca cambiará y el hombre no puede cambiarse a sí mismo. ¿Cómo pueden entonces Dios y el hombre reunirse alguna vez?

La reconciliación de lo disímil

La disimilitud solo puede ser reconciliada por Uno que es tanto Dios como hombre. El hombre no puede educarse a sí mismo a la de Dios y no puede cultivarse a sí mismo a la semejanza de Dios. Puede comenzar a ir a galerías de arte y leer a Shakespeare; visitar las noches de estreno de la ópera, y educar su pronunciación para sonar muy "culto", pero cuando todo termina él sigue siendo interiormente lo que era antes, andando en la vanidad de su mente, cegado por la ignorancia que hay en él, cortado de la vida de Dios, "sin esperanza y sin Dios en el mundo" (Efesios 2:12).

El hombre no puede arreglarse a sí mismo. Las religiones lo han intentado, las filosofías lo han intentado, los sistemas académicos lo han intentado, la policía lo ha intentado. Intentamos en todas partes traer una similitud que Dios reconozca, de modo que en vez de tener esa sensación de infinita lejanía, podamos decir con Jacob: "Ciertamente Jehová está en este lugar" (Génesis 28:16). Pero no podemos lograrlo. ¿Cómo se puede hacer?

Dice en Segunda Corintios 5:19 que "Dios estaba en Cristo reconciliando consigo al mundo". El amor de Dios en Cristo estaba reconciliando. ¿Cómo puede Dios reconciliar la naturaleza disímil del hombre con la suya propia? La reconciliación puede realizarse de dos maneras:

Una manera en que puede lograrse es que las dos partes que están separadas cedan y así se reúnan. Si este hombre y yo tuviéramos cuatro proposiciones que nos mantuvieran separados, podríamos reunirnos, orar y decir: "No quiero estar enemistado contigo, y por lo tanto haré una concesión en esto". Y él diría: "Bueno, de acuerdo entonces, yo haré una concesión en esto". Si él se moviera la mitad del camino, y yo me moviera la mitad, podríamos reconciliarnos.

Pero ¿cómo puede Dios decirle al pecador: "Me moveré la mitad del camino"? ¿Puede Él decir: "Eres ciego, así que me moveré y seré medio ciego; y tú te moverás y serás medio ciego. Tú estás muerto, yo me moveré y estaré medio muerto; y tú te moverás y estarás medio muerto"? Y así al moverse Dios la mitad del camino y cediendo, ¿podrían Él y el hombre reconciliarse? Para hacer eso Dios tendría que invalidar su divinidad y dejar de ser Dios.

Mejor iría al infierno antes de ir a un cielo presidido por un dios que cediera al pecado; y creo que todo hombre y mujer verdaderos sentirían lo mismo. Queremos que Dios sea el Dios santo que es. Dios nunca puede transigir; no funciona de esa manera. El hijo pródigo y su padre no se encontraron a mitad de camino del país lejano. El muchacho volvió indudablemente a donde pertenecía. Y así el pecador en su arrepentimiento hace todo el camino de regreso hacia Dios, y Dios no se mueve de su santa posición de infinita santidad, justicia y belleza, el mundo sin fin.

Dios nunca transige ni desciende la mitad del camino. Dios sigue siendo el Dios que es. Este es el Dios que adoramos: nuestro fiel, inmutable Amigo cuyo amor es tan grande como su poder y no conoce límite ni fin. No queremos que Dios transija. No queremos que Dios haga la vista gorda a nuestra iniquidad. Queremos que Dios haga algo al respecto.

¿Qué hizo Él al respecto? Él descendió y se convirtió en carne y se convirtió tanto en Dios como en hombre, exento de pecado, a fin de poder, mediante su muerte, remover todo obstáculo del camino para que el hombre pudiera volver. Él no podría volver si Cristo no hubiera venido y muerto. Pero ahora, porque Él vino y murió, removió del camino todo obstáculo moral para que el hombre pueda volver a casa.

Pedro, enfocándolo desde otra dirección, dice que Dios nos ha dejado las promesas del evangelio, "para que por ellas llegaseis a ser participantes de la naturaleza divina" (2 Pedro 1:4). ¿Qué significa eso? Significa que cuando un pecador vuelve a casa, se arrepiente y cree en Cristo como Salvador, Dios implanta en el corazón del que antes era pecador algo de su propia naturaleza. Y entonces la naturaleza de Dios y la naturaleza del pecador ya no son disímiles, sino una. El pecador está en el hogar y la disimilitud se fue; la diferencia es quitada. La naturaleza de Dios implantada en el hombre ahora hace moralmente apropiado que el hombre y Dios tengan comunión.

Sin transigir en modo alguno, Dios ahora recibe al pecador que vuelve y pone un depósito de su propia naturaleza y vida en ese pecador. Eso es el nuevo nacimiento. No es unirse a una iglesia, no es bautizarse, ni dejar este o aquel mal hábito, aunque todos dejarán sus malos hábitos. El nuevo nacimiento es una implantación de vida divina.

Volvamos a mi propia ilustración bastante torpe del simio y el ángel en la misma habitación, observándose. No hay unión. ¿Cómo podría usted lograrla? Si el gran Dios todopoderoso depositara la gloriosa naturaleza celestial del ángel en el simio, éste se pondría en pie de un salto, saludaría al ángel y lo llamaría por su nombre, porque la similitud estaría allí instantáneamente. Pero mientras uno tenga la naturaleza de un simio y el otro la de un ángel, no puede haber nada sino eterna disimilitud.

De la misma manera, el mundo con todo su dinero, cultura, educación, ciencia y filosofía, sigue siendo un simio moral. La Biblia lo ha dicho. El Dios santo no puede transigir para tener comunión ni tampoco ese hombre puede comprender a Dios; pues el hombre natural no puede entender a Dios, y allí no puede haber comunión.

Pero Dios se movió en Cristo y murió en una cruz quitando así los obstáculos. Por el nuevo nacimiento, Él da al pecador algo de su propia preciosa naturaleza divina. Y el pecador eleva su mirada y dice: "Abba, Padre" (Romanos 8:15; Gálatas 4:6) por primera vez en su vida. Ahora, él o ella se han convertido.

Eso es lo que le ocurrió a Jacob. Él se convirtió en Génesis 28 cuando vio la escalera al cielo, y fue lleno del Espíritu Santo en Génesis 32 en el río Jaboc: dos obras de gracia. Él era un viejo pecador de nombre Jacob, que significa "suplantador"; era deshonesto.

> Salió, pues, Jacob de Beerseba, y fue a Harán. Y llegó a un cierto lugar, y durmió allí, porque ya el sol se había puesto; y tomó de las piedras de aquel paraje y puso a su cabecera, y se acostó en aquel lugar. Y soñó: y he aquí una escalera que estaba apoyada en tierra, y su extremo tocaba en el cielo; y he aquí ángeles de Dios que subían y descendían por ella (28:10–12).

Y Dios y Jacob se encontraron y Jacob creyó en su Dios. "Y despertó Jacob de su sueño, y dijo: Ciertamente Jehová está en este lugar, y yo no lo sabía. Y...No es otra cosa que...puerta del cielo" (28:16–17). Era la puerta del cielo tanto cuando se acostó como cuando se despertó. Pero dijo: "Yo no lo sabía". La presencia de Dios había estado allí todo el tiempo, pero ahora, por obra de Dios, él tuvo *conciencia* de esa presencia de Dios.

Comunión con Dios

Es por eso que un pecador profundamente convertido, que tiene conciencia del trasplante de la naturaleza divina a su corazón por la fe en Jesucristo, es probable que esté asombrosamente feliz. Él dice con Jacob: "Esta es puerta del cielo. Dios está en este lugar y yo no lo sabía". La conciencia de la presencia de Dios le ha sido restaurada.

¿Qué es lo que hace cielo al cielo? ¡La inmaculada presencia de Dios, sin obstáculos! ¿Qué es lo que hace infierno al infierno? ¡La ausencia de conciencia de la presencia de Dios! Esa es la diferencia entre una reunión de oración y un salón de baile. El omnipresente Dios llena el cielo y la tierra, contiene al cielo y la tierra y está presente en todo lugar. Pero en la reunión de oración una ancianita se arrodilla y dice: "Oh Jesús, donde están dos o tres congregados en tu nombre, tú estás en medio de ellos" (vea Mateo 18:20). Dios está allí. En el salón de baile se avergonzarían si se manifestara la presencia de Dios.

Es por eso que las conversiones son aguadas en estos días. Los sacamos de su caparazón y tratamos de refregarles en la nariz textos en letra roja para hacerles pensar que están convertidos. No han tenido una implantación de la vida divina—no hay similitud—y por lo tanto Dios y el hombre no se encuentran en la zarza. Pero donde sea que Dios y el hombre se encuentran, hay una gozosa restauración del espíritu humano. Se restaura la similitud, y en vez de que Dios esté a millones de años luz, el hombre apenas puede creerle a su propio corazón cuando clama: "Oh Dios está en este lugar y yo no lo sabía".

Ah, volver a tener algunas de las antiguas conversiones. No he visto demasiadas de esa clase, pero sí algunas: conversiones en que un hombre se arrodillaba estallando en lágrimas de dolor, confesaba sus pecados a Dios, creía en Jesucristo y se ponía de pie con una luz en su rostro, caminaba saludando a todos, conteniendo las lágrimas lo mejor que podía, y sonriendo con las lágrimas que no podía contener. Lo que causa esa clase de conversión no es solo la consciente liberación del pecado, sino la consciente presencia de Dios revelada adentro, al corazón.

Ese es el gozo de la conversión: no traer a Dios desde una estrella lejana, sino conocer a Dios por un cambio de naturaleza.

Capítulo 8

La inmanencia de Dios

Pero ¿es verdad que Dios morará sobre la tierra? He aquí que los cielos, los cielos de los cielos, no te pueden contener; ¿cuánto menos esta casa que yo he edificado? (1 Reyes 8:27).

Para que busquen a Dios, si en alguna manera, palpando, puedan hallarle, aunque ciertamente no está lejos de cada uno de nosotros. Porque en él vivimos, y nos movemos, y somos (Hechos 17:27-28).

¿A dónde me iré de tu Espíritu? ¿Y a dónde huiré de tu presencia? Si subiere a los cielos, allí estás tú; y si en el Seol hiciere mi estrado, he aquí, allí tú estás. Si tomare las alas del alba y habitare en el extremo del mar, aun allí me guiará tu mano, y me asirá tu diestra (Salmo 139:7-10).

Dios es omnipresente, lo cual significa que Dios está en todas partes. Dios es además inmanente, lo que significa que Dios *permea* todas las cosas. Esto es doctrina cristiana estándar, creída incluso en los más remotos días del judaísmo. Dios es omnipresente e inmanente, penetra todo aunque Él contiene todas las cosas. El balde que es hundido en las profundidades del océano está lleno del océano. El océano está en el balde, pero además el balde está en el océano, rodeado por él. Esta es la mejor ilustración que puedo dar de cómo Dios mora en su universo y sin embargo, el universo mora en Dios.

En el capítulo anterior traté el hecho del distanciamiento—esa distancia es disimilitud—y señalé que el infierno es para los que son diferentes a Dios. La disimilitud moral crea el infierno. Para aquellos seres que son moralmente disímiles a Dios, el infierno es su lugar final. Para aquellas criaturas que son moralmente similares a Dios, con cierta semejanza a Dios, el cielo es su lugar porque su naturaleza pertenece allí. La reconciliación con Dios está asegurada por tres actos divinos: la expiación, la justificación y la regeneración.

La expiación, por supuesto, es la obra objetiva de Cristo. Es lo que Él hizo en la cruz antes de que viviéramos nosotros los que ahora estamos vivos. Es algo que hizo Él solo en la oscuridad. Es objetivo; es decir, es externo a nosotros. No tuvo lugar dentro de ninguno. Tuvo lugar objetiva, externamente. La lanza fue a su costado solo y Él sufrió. Los clavos estuvieron en sus manos y sus pies. Eso es expiación.

Podría haberse hecho sin afectar a nadie; fue hecha, y todavía hay millones que han muerto sin ser afectados por ella. Pero aquí está la belleza de esto: que este acto que Él realizó allí en la oscuridad hace posible la justificación.

La justificación es el segundo acto que Dios realiza para reconciliar consigo al hombre. La justificación es lo que declara justo al pecador, y eso también es externo a nosotros;

es decir, no tiene contacto con nosotros. Las personas justificadas pueden no ser mejores por su justificación, si eso es todo lo que les ocurrió, porque la justificación es algo legal. Ellos podrían estar de pie ante un tribunal y ser declarados inocentes de un crimen, pero eso no los cambia. Pesan exactamente lo mismo que antes, y tienen las mismas relaciones. Son en toda manera las mismas personas que eran antes, excepto que son judicialmente libres, declaradas inocentes ante la ley.

Podría tener un efecto subjetivo si ellos lo averiguaran y se regocijaran, pero la obra no está hecha en ellos. La obra se realizó en la mente de los jurados y ante la ley. Es algo judicial. De modo que la justificación es el segundo acto que Dios realiza para lograr reconciliarnos con Él.

El tercer acto es la regeneración. La regeneración, por supuesto tiene lugar al mismo tiempo que la justificación. Dije que cuando Dios justifica a una persona, esa persona puede estar justificada y no ser mejor. Eso es técnicamente posible pero en la realidad no es así, porque cuando Dios justifica a una persona también la regenera. Nadie fue jamás justificado y no regenerado. Usted puede pensarlas por separado, aunque en realidad no las puede separar.

La justificación y la regeneración no son lo mismo. Esta es la teología cristiana básica más común que todos deben conocer. La regeneración tiene lugar en la vida de la persona, dentro del corazón de la persona. Es algo subjetivo; trata con la naturaleza de la persona. Llega adentro de la persona. Porque Jesús murió en la oscuridad y porque Dios aceptó eso como expiación por nuestro pecado, si creemos en Cristo, Dios puede justificarnos, declararnos justos y regenerarnos impartiéndonos la naturaleza de Dios. Pues Dios nos dice que es por medio de estas promesas que somos "participantes de la naturaleza divina" (2 Pedro 1:4).

Restauración de la similitud moral

Una persona regenerada es alguien que tiene participación en la naturaleza divina, que tiene una nueva relación con Dios, lo cual le da a esa persona la vida eterna. Esto reconcilia a Dios y a la persona, y restituye cierto grado de semejanza moral a dicha persona. El convertido más reciente que nació de nuevo hoy (*nacer de nuevo* y *regenerarse* tienen el mismo significado) tiene un grado de semejanza moral con Dios lo que le da una medida de similitud.

El cielo es un lugar de completa similitud, y el pecado introdujo la incompatibilidad entre Dios y el pecador. No puede haber ninguna similitud o comunión entre los dos porque el pecado introduce esa cualidad que pone a los seres humanos y a Dios en desacuerdo unos con otros. Pero cuando un pecador cree en la sangre de la expiación y pone su confianza en Cristo, es justificado en el cielo y regenerado en la tierra. La tierra es el único lugar donde usted es regenerado: no espere a morir, ¡porque no hay lugar a regenerarse después de que esté muerto!

Cuando confía en Cristo, usted es regenerado; le es dada una medida del carácter de Dios, de modo que haya suficiente de la imagen restaurada para que pueda ser una medida bastante completa de similitud. Y esa similitud permite que Dios se acerque con profunda emoción a una persona. Y eso hace a la comunión moralmente congruente.

Usted no pede tener comunión donde hay completa disimilitud. Usted puede acariciar la cabeza de un perro, pero no puede tener comunión con el perro; hay una disimilitud de naturaleza demasiado grande. De la misma manera, Dios no puede tener comunión con un pecador porque hay una tremenda diferencia, una disimilitud que hace imposible la comunión.

Pero dice en Colosenses 3:10: "y os habéis vestido del nuevo *hombre*, el cual se va renovando hacia un verdadero conocimiento, conforme a la imagen de aquel que lo creó" (LBLA). Ese nuevo hombre que hay dentro de usted es el hombre regenerado: el nuevo hombre que es usted, comenzó su camino hacia la semejanza de Dios. Y hay suficiente allí, aun en el nuevo convertido, para que Dios pueda tener comunión sin que haya incongruencia.

Dios, siendo el Dios que es, nunca puede tener comunión con nada excepto con su propia semejanza. Y donde no hay semejanza no puede haber comunión entre Dios y esa cosa diferente. El versículo dice que nos hemos "vestido del nuevo hombre". Estos cristianos colosenses no eran perfectos en muchos aspectos, pero se revistieron del nuevo hombre. La semilla que estaba en ellos, la raíz del asunto, estaba en sus corazones. Fueron regenerados para que Dios pudiera tener comunión con su propia imagen en ellos y ver un poquito de su propio rostro allí y mantener la comunión con su pueblo. Es por eso que podemos decir: "Abba, Padre" (Romanos 8:15; Gálatas 4:6).

Un joven padre va al hospital a ver a su heredero recién nacido. Mira a través del cristal, y nunca hubo un padre que no estuviera emocionado, asustado, perplejo, y decepcionado. Sus ojos recorren los veinticinco o cincuenta bebés en la guardería, y elige uno hermoso y espera que sea el suyo. Luego cuando lo dan la vuelta y ve que no es, se decepciona.

Pero cuando la gente le dice al padre: "Es tu propia imagen", ¡el padre sonríe radiante! En realidad no es un cumplido: la cosita es una mansa amorfa que se retuerce y succiona y se mueve, con piel roja y sin pelo. Sin embargo, hay un poquito de semejanza allí; hay una similitud.

De manera más profunda, un nuevo convertido, el individuo que acaba de nacer de nuevo, por cierto puede no asemejarse mucho a Dios, pero tiene algo de la semejanza de la deidad, y así Dios puede reconocerlo como suyo. Los ángeles pueden reconocerle un aire de familia.

¿Por qué entonces este serio problema entre verdaderos cristianos, este sentimiento de que Dios está muy lejos o de que nosotros estamos muy lejos de Dios? Es difícil regocijarse si usted está sufriendo esa sensación de distancia.

Creo que la mayoría de los cristianos sufre de una sensación de distanciamiento divino. Saben que Dios está con ellos y están seguros de que son hijos de Dios. Pueden llevarlo a usted a su Nuevo Testamento marcado y probarle seria y sobriamente que son justificados y regenerados, que pertenecen a Dios, que el cielo va a ser su hogar y que Cristo es su Abogado en el cielo. Tienen la teología; saben todo esto en su cabeza, pero están sufriendo una sensación de distanciamiento.

Saber algo en su cabeza es una cosa; sentirla en su corazón es otra. Y pienso que muchos cristianos están tratando de ser felices sin tener un sentir de la Presencia. Es como tratar de tener un día brillante sin tener el sol. Usted podría decir: "Según mi reloj, han pasado quince minutos del mediodía, y por lo tanto el sol está alto. Regocijémonos en el sol. ¿No es hermoso y brillante? Tomémoslo por fe y regocijémonos de que el sol esté arriba, que todo esté bien, y el sol esté alto".

Usted puede señalar hacia arriba y decir: "El sol está alto", pero se está engañando a sí mismo. Mientras esté oscuro, sombrío y lluvioso, y las hojas empapadas de lluvia sigan chorreando, usted no tendrá un día radiante. Pero cuando el sol salga, podrá regocijarse en la presencia del sol.

Ansia de Dios

Hoy en día la mayoría de los cristianos son cristianos teológicos. Saben que son salvos; alguien les ha dado un Nuevo Testamento marcado; y es adecuado que lo hagamos hasta que ellos capten correctamente su teología. Pero están tratando de ser felices sin sentir la Presencia. El sentido de la Presencia está ausente y esa ansia que usted ve es un deseo de estar más cerca de Dios.

Usted hallará esa ansia en dos lugares: oraciones e himnos. Si cree que solo estoy inventando cosas, vaya a la próxima reunión de oración y arrodíllese con los hermanos y escúchelos orar. Todos oran de manera semejante. "Oh Señor, ven; oh Señor, acércate; oh Señor, muéstrate; acércate a mí, Señor". Si eso no es suficiente, escúchenos cantar "Ven, Fuente de toda bendición", o "Acércame más y más y más, bendito Señor".

El ansia de estar cerca de Dios y de que Dios se acerque a nosotros es universal entre los cristianos nacidos de nuevo. Y hasta pensamos que Dios viene hacia nosotros desde la distancia, cuando la Biblia y la teología cristiana, remontándose hasta David, declaran que Dios ya está aquí, ahora.

Dios no mora en el espacio, y por tanto, Dios no tiene que venir como un rayo de luz desde algún lugar remoto. No hay lugares remotos en Dios; Él contiene toda la lejanía y todas las distancias en su propio gran corazón.

¿Por qué entonces lo sentimos distante? Es la disimilitud de nuestra naturaleza; es la desemejanza. Tenemos suficiente semejanza para que Dios pueda tener comunión con nosotros y llamarnos sus hijos, y que podamos decirle: "Abba, Padre". Pero en la práctica, percibimos nuestra disimilitud, y por esa razón Dios parece remoto.

Lo que estoy tratando de explicar es sencillamente esto: la cercanía a Dios no es una cuestión geográfica o astronómica. No es algo espacial. Es algo espiritual, que tiene que ver con la naturaleza. Y entonces cuando oramos: "Dios, acércame", o "Dios, acércate", no estamos orando (si somos buenos teólogos) que Dios descienda desde alguna distancia remota. Sabemos que Dios está aquí ahora. Jesús dijo: "He aquí, yo estoy con vosotros todos los días" (Mateo 28:20). El Señor está aquí. Jacob dijo: "Ciertamente Jehová está en este lugar, y yo no lo sabía" (Génesis 28:16). No dijo: "Dios vino a este lugar"; dijo: "Dios está en este lugar".

¿Para qué estamos orando entonces? Oramos por una manifestación de la presencia de Dios. No por la presencia, sino por la *manifestación* de la presencia. ¿Por qué no tenemos la manifestación? Porque permitimos la disimilitud. Permitimos la disimilitud moral. Esa "sensación" de ausencia es el resultado de la disimilitud que queda dentro de nosotros.

Este deseo, esta ansia de estar cerca de Dios es, en realidad, un anhelo de ser semejante a Él. Es el anhelo del corazón rescatado de ser como Dios para que pueda haber perfecta comunión, para que el corazón y Dios puedan unirse en una comunión que es divina.

Hay una similitud que hace que sea compatible y apropiado que Dios tenga comunión con sus hijos, hasta el más pobre y más débil de sus hijos. Pero también hay disimilitudes, tales que no existe el grado de comunión que debería haber. No existe esa perfección del sentido de la presencia de Dios que queremos y anhelamos, por la cual oramos, y de la cual cantamos.

¿Cómo vamos a saber como es Dios para poder saber si somos como Dios? La respuesta es: Dios es como Cristo, porque Cristo es Dios manifestado a la humanidad. Mirando a nuestro Señor Jesús sabremos cómo es Dios y sabremos cómo tenemos que ser para experimentar la ininterrumpida y continua presencia de Dios.

La presencia está aquí, pero el sentido de la presencia está ausente. Sabemos que el sol está allí, aunque las nubes pendan tan bajas que podamos estirarnos y tocarlas. Aunque sabemos que el sol está allí en medio del cielo, tenemos que encender las luces del automóvil por seguridad. Como hay nubes en el camino, no sentimos ni vemos el sol, pero sabemos que está allí.

Y nosotros los cristianos sabemos que Dios está aquí, pero tenemos la sensación de que está ausente. Un hombre siente que el sol se fue para no volver; él sabe más, pero no puede estar contento porque no puede ver el sol. Sentimos que Dios esta lejos aunque sabemos que está presente, y que no puede manifestarse como desea por ciertas razones.

La santidad de Cristo

Observemos algunas de las cualidades de Cristo. La primera, por supuesto, es la santidad. Nuestro Dios es santo y nuestro Señor es santo, y al Espíritu lo llamamos Espíritu Santo. Ahora piense qué manchado y qué contaminado y qué carnal es el cristiano promedio. Permitimos manchas: pasamos meses sin arrepentimiento. Pasan años sin que pidamos purificación o la tomemos. Luego cantamos "Acércame más y más, bendito Señor". U oramos: "Ven, Señor, ven a esta reunión". Bueno, el Señor está allí.

Lo que estamos orando es: "Señor, muéstrate", pero el Señor no puede; un Dios santo no puede mostrarse en plena comunión a un cristiano impuro. Usted pregunta: "¿Es posible ser cristiano y ser impuro?". Es posible ser un cristiano carnal. Usted puede tener en sí la simiente de Dios, estar regenerado y justificado y seguir siendo impuro en algunos de sus sentimientos, deseos y disposición internos.

La generosidad de Cristo

La segunda cualidad es la generosidad. ¿Ha notado que Jesucristo era absolutamente generoso y se dio a sí mismo? Pero ¡qué egocéntricos e indulgentes con nosotros mismos somos la mayoría de los cristianos! Hasta cuando leen libros sobre avivamientos siguen siendo egocéntricos. Hasta cuando oran por avivamiento siguen siendo autoindulgentes. Un avivamiento es, entre otras cosas, una manifestación repentina. Es una irrupción del sol a través de las nubes. No es la llegada del sol; es la irrupción del sol a través de las nubes.

Estoy harto de mi propio corazón, harto de mí mismo,

harto de mis amigos, harto de los predicadores y sus ministerios. Cuán completamente egocéntricos nos podemos volver. Vivimos para el ego, hablamos en voz alta de glorificar a Dios, y nos jactamos y decimos: "Esto es para la gloria de Dios", y sin embargo somos egocéntricos. Usted sabe que es egocéntrico si alguien lo contraría y se pone furioso. No sonría por eso. No es gracioso: ¡es grave!

Hay suficiente dinero, potencialmente, en la congregación promedio no solo para mantener funcionando la iglesia sino para duplicar la ofrenda misionera. Habría suficiente, si no fuéramos tan complacientes con nosotros mismos. Por supuesto, un Cristo completamente desinteresado quien se dio a sí mismo, se entregó y no tiene egoísmo, no puede caldearse con el corazón cristiano que es autocomplaciente y egocéntrico. Él nos ama; es nuestro Pastor; Él es nuestro Abogado allí arriba, quien defiende nuestra causa en el cielo. Somos sus hermanos en Cristo y Dios su Padre es nuestro Padre. Pero nuestro egoísmo nos impide disfrutar la comunión, la dulzura que transforma a algunas personas en santos mientras caminan sobre la tierra (y quiero decir *santo* en más que un sentido técnico).

El amor de Cristo

La tercera cualidad es el amor. Él amó tanto que dio todo. Pero ¡qué calculadores somos muchos de nosotros! Decimos: "Bueno, puedo ir a esta reunión pero no puedo ir a aquella; el doctor me dijo que no me exija demasiado". Así que tenemos todo resuelto. Ponemos nuestra vida espiritual en un presupuesto. No invertimos en Dios nada a menos que podamos justificarlo en las columnas de nuestro presupuesto. Qué manera barata y carnal de vivir, y sin embargo es cierto, ¡lo hacemos! Qué limitado es el pueblo de Dios.

El amor del Señor Jesucristo era algo grande, apasionado, desbordante, que hizo que Él se entregara por completo. Se dijo: "Ni aun Cristo se agradó a sí mismo" (Romanos 15:3). Aun nuestro Señor no se agradó a sí mismo. Pero, ¿sabe lo que está mal en nosotros? Somos autocomplacientes. Vivimos para nosotros mismos.

Hay personas que se comprarían un automóvil nuevo aunque eso significara que su iglesia quiebre y tenga que cerrar sus puertas. Hay mujeres que vestirían con al último grito de la moda aunque muriera la causa misionera y todos los misioneros tuvieran que volver a casa. Sin embargo somos santos, somos nacidos de nuevo, somos creyentes, ¡tenemos marcado nuestro Nuevo Testamento!

Podemos ser cristianos, pero el amor que tenemos es un amor calculador y limitado, un amor que no se entrega. Y entonces, ¿cómo puede Él, quien se dio a sí mismo tener comunión con nosotros? ¿Quiere una ilustración bíblica de esto? Permítame dársela. Está en el capítulo quinto del Cantar de los cantares de Salomón, ese delicado, dulce, maravilloso, y hermoso libro del cual el Dr. Scofield dijo: "El pecado casi nos ha privado de la capacidad de arrodillarnos ante esa zarza ardiente".

Usted recordará que el novio (que representa a Jesús) había dado regalos a quien sería su esposa. Él estaba afuera cuidando sus ovejas, entre los lirios. El rocía caía y sus cabellos estaban mojados con el rocío de la noche (5:2). Estaba fuera haciendo lo que sus intereses requerían de él, lo que su corazón quería hacer.

Él vino y golpeó la puerta para decirle: "¿No vendrás conmigo?". Ella dijo: "¿Cómo puedo? No estoy vestida para eso. Estoy vestida para el lecho y el hogar, y hasta mis manos gotean los ungüentos que me has dado. No puedo ir". Y él desapareció (5:3–6). Él seguía siendo su enamorado y queriendo casarse con ella (y finalmente lo hizo, gracias a Dios, y todo resultó bien).

Él estaba allí fuera dándose, y ella estaba en su casa admirándose y oliendo el perfume que él le había dado, parada ante el espejo y admirando las vestiduras y las joyas que él le había dado. Él la quería, pero ella quería sus joyas y sus perfumes. Luego por fin toma conciencia y se viste rápidamente, a toda prisa, en realidad sin ropa de calle. Pero se puso algunas ropas y una túnica y salió a buscar a su amado.

Preguntó al guarda: "¿Dónde está él?". Y el guarda la golpeó (5:7), dijo que era una ramera y que se fuera a su casa. Siguió tambaleándose bajo los golpes y no pudo hallarlo. Y mientras lo buscaba, sus amigas le dijeron: "¿Qué ocurre? ¿Por qué no vas a tu casa?". Dijeron: "¿Qué es tu amado más que otro amado?" (5:9). Y entonces ella irrumpe en un hermoso cántico de alabanza, diciendo: "Mi amado es blanco y rubio"—lo describe de pies a cabeza—"señalado entre diez mil" (5:10).

Él quería su comunión y ella fue demasiado egoísta y egocéntrica. Por supuesto, no podía haber comunión mientras él estuviera fuera haciendo una cosa, y ella permaneciera egoístamente en la casa haciendo otra.

Otras cualidades de Cristo

Otra cualidad de Cristo es la bondad. Piense en cuan absolutamente bondadoso es nuestro Señor Jesús. El amor de Dios es más bondadoso de lo que puede concebir la mente del hombre. Piense en la bondad de Jesús en contraste con la aspereza, la severidad, la brusquedad, la amargura, la acidez de la vida de muchas personas. ¿Cómo puede un Salvador sentirse perfectamente en casa con un cristiano áspero?

Después está el perdón. Él es un Señor perdonador y los perdonó mientras ellos lo golpeaban. Los perdonó mientras lo ponían sobre la cruz. Pero ¡qué duros y vengativos son muchos de los hijos del Señor! ¿Puede usted recordar cosas malas que le ocurrieron hace veinte años? Usted no se lo puede quitar de encima; dice que lo ha perdonado, pero no. Usted es vengativo; Él es perdonador. Y Él probó que era perdonador al morir de manera violenta. Usted prueba que es vengativo y duro con muchas muestras y demostraciones.

Luego piense en el celo de Jesús. "Me consumió el celo de tu casa" (Salmo 69:9). Piense en el celo de Dios. "El celo de Jehová de los ejércitos hará esto" (Isaías 9:7). Lo más celoso que conozco es el fuego. Donde sea que arda el fuego, arde con intenso celo. Y el corazón de Jesús era así. Pero piense en el cristiano tibio, en cristianos que no han estado en reuniones de oración durante años, en el cristiano descuidado y aletargado: el letargo que está sobre la Iglesia de Dios.

Luego está la humildad de Jesús. Aunque fue el altísimo, Él se humilló y actuó como el más bajo. Y aunque nosotros somos los más bajos, a veces actuamos como los más orgullosos y arrogantes. Qué absolutamente diferentes de Jesús, qué diferentes de Dios.

La semejanza no es la justificación

¿Estoy diciendo que somos justificados por ser como Dios? Espero haber dejado en claro que somos justificados por ser declarados justos por el Dios todopoderoso, quien basa su sentencia en la cruz de Jesús y la muerte del Salvador en la oscuridad allí en el monte. Entonces, puesto que Él hizo expiación, Dios justifica. Y cuando Él justifica, regenera. Usted es salvo por la justificación y la regeneración.

Pero la regeneración no perfecciona la imagen de Dios en usted. La imagen de Dios debe continuar creciendo y avanzando, como un artista trabaja en una pintura. Primero es solo un bosquejo y una confusión general, pero el artista sabe lo que hay, y lentamente comienza a sacarlo a luz. Y así Dios parece muy lejano de nosotros porque somos diferentes a Él.

Horace Bushnell y su amigo fueron a un monte a orar, y se sentaron y hablaron de Dios hasta que lentamente se puso el sol, salieron las estrellas, y la oscuridad los rodeó mientras estaban sentados en la hierba. Después, antes de irse, Bushnell dijo: "Hermano, oremos antes de irnos". Así que allí en la oscuridad, Bushnell elevó su corazón a Dios, y después su amigo dijo: "Apreté fuerte mis brazos a mi alrededor. Tenía miedo de estirarlos y tocar a Dios".

En una ocasión me arrodillé bajo un manzano en un campo, junto con varios otros predicadores, y un hombre del Ejército de Salvación, el Capitán Ireland. Todos oramos y cuando el Capitán Ireland comenzó a orar, súbitamente noté una cercanía. Había Uno allí, que no había venido, sino que había estado allí todo el tiempo. "¿Soy yo Dios de cerca solamente, dice Jehová, y no Dios desde muy lejos?" (Jeremías 23:23).

¿Cómo puede manifestar continuamente su presencia al orgulloso y al arrogante cuando Él es tan manso y humilde? ¿Al tibio y al descuidado cuando Él es tan celoso? ¿Al duro y al vengativo cuando Él es tan perdonador? ¿Al áspero y rígido cuando Él es tan bondadoso? ¿Al calculador cuando su amor lo llevó a morir? Cuando estamos tan manchados, ¿cómo podemos tener comunión con Él?

Y luego la celestial actitud de Jesús, ¡oh piense en eso! Él estaba con el Padre, en el seno del Padre mientras estaba aquí en la tierra. Él dijo: "El unigénito Hijo, que está en el seno del Padre" (Juan 1:18). Observe que dice está, no *estaba*; Él nunca dejó el seno del Padre mientras estuvo aquí en la tierra. La única vez que Él lo dejó fue en esa horrible y cruenta agonía cuando Dios le dio la espalda en la cruz para que pudiera morir por la humanidad. Pero ninguna otra vez jamás.

Él habló del otro mundo. "Yo soy de arriba" (Juan 8:23); "Descendí del cielo" (6:38). Él vivió en el corazón de Dios y el otro mundo, el mundo de arriba, era el mundo en que Él habitaba. Y piense qué terrenal es su pueblo y qué mundano. Hablan de mobiliario, de series de televisión, del baseball, del fútbol, de los automóviles, de los ventanales, de las casas en dos niveles, de política: de cualquier cosa excepto del cielo y Dios.

Después queremos orar: "Acércame más y más". Usted está tan cerca como puede estar, en lo que a distancia se refiere. Pero Él no puede manifestarse porque hay una disimilitud de naturaleza. Usted tiene bastante de la naturaleza de él, ya que es justificado y regenerado, pero no lo suficiente para perfeccionar la comunión. El perfeccionamiento de la comunión, eso es lo que necesitamos desesperadamente.

Hubo una vez un hombre que seguía a Jesús desde lejos. Pero no pudo vivir con eso. Algunos de ustedes han aprendido a vivir con eso. Han envejecido y han aprendido a vivir en la penumbra y no les importa. Han aprendido a vivir en la frialdad y no les importa. ¿Qué puedo hacer por ustedes? ¿Cómo puedo ayudarlos? No conozco ninguna manera. Pedro seguía de lejos pero no lo pudo soportar, y el Señor se dio vuelta y lo miró. Entonces Pedro salió fuera y lloró amargamente.

¿Llora usted algunas lágrimas por su disimilitud? ¿Tiene algunas lágrimas por esa distancia entre usted y Dios que sabe que no existe y sin embargo siente que está allí? Usted no está disminuyendo de ningún modo las cosas que Dios ya ha hecho en su vida. Usted está agradecido y lleno de gratitud por cada bendición, por la justificación, por la buena gracia de Dios en su vida. Pero no puede escapar a la sensación de distanciamiento, y muchas veces el día es una carga porque Dios parece lejos de usted. Usted sabe que Él no lo está, pero siente que sí. Él no puede mostrar su rostro. Usted ha permitido que la autoindulgencia, la aspereza, el espíritu vengativo, la tibieza, el orgullo y la mundanalidad pongan una nube sobre el rostro de Dios.

Creo que es necesario el arrepentimiento. Necesitamos arrepentirnos de la disimilitud; de la impureza en la presencia de lo santo; de la autoindulgencia en la presencia del Cristo desinteresado; de la aspereza en la presencia del Cristo bondadoso; de la dureza en la presencia del Cristo perdonador; de la tibieza, en la presencia del Cristo celoso, ardiente como una llama intensa; de la mundanalidad y terrenalidad en la presencia del Cristo celestial. Creo que debemos arrepentirnos.

¿Qué va a hacer usted al respecto? ¿Ha abierto Él su corazón?

Capítulo 9

La santidad de Dios

¿Quién como tú, oh Jehová, entre los dioses? ¿Quién como tú, magnífico en santidad? (Éxodo 15:11).

He aquí, en sus santos no confía, y ni aun los cielos son limpios delante de sus ojos (Job 15:15).

He aquí que ni aun la misma luna será resplandeciente, ni las estrellas son limpias delante de sus ojos; ¿Cuánto menos el hombre, que es un gusano? (Job 25:5–6).

Pero tú eres santo, tú que habitas entre las alabanzas de Israel (Salmo 22:3).

El temor de Jehová es el principio de la sabiduría, y el conocimiento del Santísimo es la inteligencia (Proverbios 9:10).

Y el uno al otro daba voces, diciendo: Santo, santo, santo, Jehová de los ejércitos; toda la tierra está llena de su gloria (Isaías 6:3).

Se dice que cuando Leonardo da Vinci pintó su famosa *Última Cena* tuvo poca dificultad excepto con los rostros. Luego pintó los rostros sin demasiado problema excepto uno. Él no se sentía digno de pintar el rostro de Jesús. Lo pospuso y siguió posponiéndolo, sin disponerse a abordarlo pero sabiendo que debía hacerlo. Entonces en el impulsivo desgano de la desesperación, lo pintó rápidamente y lo dejó. "Es en vano", dijo, "no puedo pintarlo".

Yo me siento de manera muy similar respecto a explicar la santidad de Dios. Creo que esa misma sensación de desesperación está en mi corazón. Es en vano que cualquiera de nosotros intente explicar la santidad. Los más grandes oradores sobre este tema pueden tocar sus arpas de oratoria, pero suena a lata e irreal, y cuando acaban usted ha escuchado música pero no ha visto a Dios.

No podemos comprender la santidad

Supongo que lo más difícil de comprender intelectualmente acerca de Dios es su infinitud. Pero usted puede hablar de la infinitud de Dios y no sentirse un gusano. Pero cuando usted habla de la santidad de Dios, no solo tiene el problema del entendimiento intelectual, sino además una sensación de vileza personal, que es casi demasiado para soportar.

La razón de esto es que somos seres caídos: espiritual, moral, mental y físicamente. Hemos caído en toda forma en que el hombre puede caer. Cada uno de nosotros nació en un mundo contaminado, y aprendemos la impureza desde nuestra cuna. La mamamos con la leche de nuestra madre, la respiramos en el aire mismo. Nuestra educación la profundiza y nuestra experiencia la confirma: impurezas malignas dondequiera. Todo está sucio; hasta nuestro blanco más blanco es sucio gris.

Nuestros héroes mas nobles son héroes dañados, todos

ellos. Así que aprendemos a excusar y a pasar por alto y a no esperar demasiado. No esperamos toda la verdad de nuestros maestros, y no esperamos lealtad de nuestros políticos. Los perdonamos rápidamente cuando nos mienten y volvemos a votar por ellos. No esperamos honestidad de nuestros comerciantes. No esperamos completa honradez de nadie. Y logramos andar por el mundo solamente aprobando leyes para protegernos no solo del elemento criminal sino de las mejores personas que existen que podrían, en un momento de tentación, aprovecharse de nosotros.

Esta clase de mundo se mete en nuestros poros, en nuestros nervios, hasta que perdemos la capacidad de concebir lo santo. Pese a ello, me esforzaré en discutir la santidad de Dios, el Santo. No la podemos comprender, y por cierto no la podemos definir.

La santidad significa pureza, pero "pureza" no la describe suficientemente bien. Pureza meramente significa que no está mezclada, no tiene nada más en ella. Pero eso no es suficiente. Hablamos de la excelencia moral, pero eso no es adecuado. Ser moralmente excelente es exceder a otro en carácter moral. Pero cuando decimos que Dios es moralmente excelente, ¿a quién es que excede? ¿A los ángeles, los serafines? Ciertamente que sí, pero eso todavía no es suficiente. Queremos decir rectitud; queremos decir honor; queremos decir verdad y justicia; queremos decir todas estas cosas, increadas y eternas.

Dios no es más santo ahora de lo que antes fue. Pues Él, al ser inmutable e invariable, nunca puede volverse más santo de lo que es. Y nunca fue más santo de lo que es, y nunca será más santo que ahora. Su excelencia moral implica existencia por sí mismo, pues Él no obtuvo su santidad de nadie ni de ningún lugar. Él no fue a algún ámbito vasto e infinitamente distante y absorbió allí su santidad; Él mismo es la Santidad. Él es el Santísimo, el Santo; Él es la santidad misma, más allá del poder del pensamiento para captarlo o de las palabras para expresarlo, más allá del poder de toda alabanza.

El lenguaje no puede expresar lo santo, de modo que Dios recurre a la asociación y a la sugerencia. Él no puede decirlo directamente porque tendría que usar palabras cuyo significado no conocemos. Tuvo que traducirlo bajándolo a nuestra profanidad. Si Él tuviera que decirnos cuán blanco es, solo lo entenderíamos como un sucio gris.

Dios no puede decírnoslo mediante el lenguaje, así que usa la asociación y la sugerencia y nos muestra cómo la santidad afecta lo impuro. Muestra a Moisés en la zarza ardiente ante la santa y ardiente Presencia, arrodillado para quitarse el calzado de sus pies, escondiendo su rostro, pues temía levantar la mirada hacia Dios.

> Entonces Jehová dijo a Moisés: He aquí, yo vengo a ti en una nube espesa, para que el pueblo oiga mientras yo hablo contigo, y también para que te crean para siempre. Y Moisés refirió las palabras del pueblo a Jehová. Y Jehová dijo a Moisés: Ve al pueblo, y santifícalos hoy y mañana; y laven sus vestidos, y estén preparados para el día tercero, porque al tercer día Jehová descenderá a ojos de todo el pueblo sobre el monte de Sinaí. Y señalarás término al pueblo en derredor, diciendo: Guardaos, no subáis al monte, ni

toquéis sus límites; cualquiera que tocare el monte, de seguro morirá. No lo tocará mano, porque será apedreado o asaeteado; sea animal o sea hombre, no vivirá. Cuando suene largamente la bocina, subirán al monte. Y descendió Moisés del monte al pueblo, y santificó al pueblo; y lavaron sus vestidos (Éxodo 19:9–14).

Moisés hizo lo mejor que pudo. Descendió y trató de limpiar el gris sucio de ellos.

Aconteció que al tercer día, cuando vino la mañana, vinieron truenos y relámpagos, y espesa nube sobre el monte, y sonido de bocina muy fuerte; y se estremeció todo el pueblo que estaba en el campamento. Y Moisés sacó del campamento al pueblo para recibir a Dios; y se detuvieron al pie del monte. Todo el monte Sinaí humeaba, porque Jehová había descendido sobre él en fuego; y el humo subía como el humo de un horno, y todo el monte se estremecía en gran manera. El sonido de la bocina iba aumentando en extremo; Moisés hablaba, y Dios le respondía con voz tronante. Y descendió Jehová sobre el monte Sinaí, sobre la cumbre del monte; y llamó Jehová a Moisés a la cumbre del monte, y Moisés subió. Y Jehová dijo a Moisés: Desciende, ordena al pueblo que no traspase los límites para ver a Jehová, porque caerá multitud de ellos (19:16–21).

Todo el sonido de bocina y la voz y el fuego y el humo y el temblor del monte: eso era Dios diciendo por sugerencia y asociación lo que no podemos comprender con palabras.

Dos palabras para la santidad

Hay dos palabras específicas para santo en la Biblia hebrea. Una palabra se usa casi exclusivamente para el Dios Santo y rara vez se usó para algo o alguien excepto el Dios Santo. En Proverbios 9:10 dice: "El temor de Jehová es el principio de la sabiduría, y el conocimiento del Santísimo es la inteligencia". Estoy grandemente fascinado por el hecho de que la Biblia inglesa King James haga la referencia en abstracto: "lo santo" en vez de "*el* Santo". Y sin embargo la Biblia judía dice "el conocimiento del Santo".

Proverbios 30:3 también usa esta frase: "Yo ni aprendí sabiduría, ni conozco *la ciencia del Santo*". Nuevamente, la Biblia judía lo traduce "el conocimiento del Santo" o "del Santísimo". Los traductores judíos encontraron exactamente la misma palabra más de cuarenta veces y la tradujeron "el Santo". Así que ¡obviamente este es Dios! Y sin embargo hay suficiente vaguedad al respecto para que los traductores de la versión King James se sintieran libres de dejarlo en abstracto y llamarlo "lo santo".

Hay otra palabra para "santo" que no se aplica a Dios con frecuencia. No es una palabra tan "sublime"; suele usarse respecto a las cosas creadas. Es algo que es "santo por contacto o asociación" con algo santo. Oímos del suelo santo o el sábado santo o la ciudad santa o el pueblo santo o las obras santas. No es la misma palabra asombrosa, llena de reverencia que Él usa cuando dice "lo santo" o "el Santo".

En el Nuevo testamento, tenemos una palabra griega acerca de que Dios es santo. "Sed santos, porque yo soy santo" (1 Pedro 1:16). Observo que la definición de esa palabra griega es "cosa terrible (que causa terror)". Ahora piense en eso. Lo terrible—ese es un significado de la palabra santo—¡el Santo!

Pensemos un poco en el Santo y en sus criaturas. Vemos que este Santo solo permite seres santos en su presencia. Pero en nuestro tiempo humanista—nuestro tiempo de cristianismo diluido, sentimental, que se suena fuerte la nariz y hace a Dios un anciano pobre, débil y lloroso—en este tiempo terrible, ese sentido de lo santo no está en la Iglesia.

Oigo de mucha gente que tiene ministerios especializados en estos días. Si vamos a ser especializados entonces creo que debemos especializarnos en lo correcto. Y por lo tanto si voy a enfatizar a Dios y la santidad de Dios y la cualidad terrible e inaccesible que puede ser llamada "esa Cosa terrible", creo que estoy en el buen camino. No ha desaparecido completamente, pero es algo que casi hemos perdido en nuestro tiempo. Hemos perdido el sentido del Santo casi por completo.

Y todos los ángeles estaban en pie alrededor del trono, y de los ancianos y de los cuatro seres vivientes; y se postraron sobre sus rostros delante del trono, y adoraron a Dios, diciendo: Amén. La bendición y la gloria y la sabiduría y la acción de gracias y la honra y el poder y la fortaleza, sean a nuestro Dios por los siglos de los siglos. Amén. Entonces uno de los ancianos habló, diciéndome: Estos que están vestidos de ropas blancas, ¿quiénes son, y de dónde han venido? Yo le dije: Señor, tú lo sabes. Y él me dijo: Estos son los que han salido de la gran tribulación, y han lavado sus ropas, y las han emblanquecido en la sangre del

Cordero. Por esto están delante del trono de Dios, y le sirven día y noche en su templo; y el que está sentado sobre el trono extenderá su tabernáculo sobre ellos" (Apocalipsis 7:11–15).

Hay personas en la presencia de Dios, pero están allí por una redención técnica. Me preocupa en este tiempo que seamos "técnicamente" cristianos. Podemos probar que lo somos, porque cualquiera puede abrir un diccionario griego y mostrarle que usted es un santo. Pero tengo miedo de esa clase de cristianismo. Si no he experimentado la sensación de vileza en contraste con ese sentido de santidad inaccesible e indescriptible, me pregunto si he sido impactado lo suficiente como para arrepentirme de verdad. Y si no me arrepiento me pregunto si puedo creer.

Hoy en día se nos da una solución rápida y se nos dice que simplemente lo creamos, y luego damos nuestros nombres y domicilios y estamos bien. Pero me temo que nuestros padres conocían a Dios de manera diferente. James Ussher, el arzobispo irlandés del siglo diecisiete, solía salir a la ribera del río, arrodillarse junto a un tronco y arrepentirse de sus pecados toda la tarde del sábado, aunque probablemente no hubiera un hombre más santo en toda la región. Sentía cuán indeciblemente vil era; no podía soportar el sucio gris que era lo más blanco que podía poner frente a la radiante blancura inaccesible que era Dios.

La ardiente santidad de Dios

Vaya al libro de Isaías: "Por encima de él [el trono] había serafines; cada uno tenía seis alas; con dos cubrían sus rostros, con dos cubrían sus pies, y con dos volaban" (6:2, aclaración entre corchetes añadida). No había nada de la indiferencia que vemos ahora. No había ninguna tendencia a ser más gracioso que un payaso. Había un sentido de la Presencia, y las criaturas santas cubrían sus pies. ¿Por qué? Cubrían sus pies por modestia, y cubrían su rostro en adoración, y usaban las otras alas para volar. Esos eran los serafines; son llamados "seres ardientes". Luego está Ezequiel, capítulo 1, donde las criaturas salen de un fuego.

Dios con frecuencia habla de sí mismo como fuego. "Nuestro Dios es fuego consumidor", dice en Hebreos 12:29. Y en Isaías 33:14: "¿Quién de nosotros morará con el fuego consumidor? ¿Quién de nosotros habitará con las llamas eternas?".

La gente a veces usa este texto para preguntar: "¿Quién de ustedes va a ir al infierno?", pero si usted lo lee en su contexto esto no describe el infierno. Casi todos los comentaristas concuerdan en esto, porque el versículo siguiente dice que es "El que camina en justicia y habla lo recto; el que aborrece la ganancia de violencias, el que sacude sus manos para no recibir cohecho, el que tapa sus oídos para no oír propuestas sanguinarias; el que cierra sus ojos para no ver cosa mala" (33:15).

¿Qué es ese fuego consumidor? No es el infierno, sino la presencia de Dios ¿Quién de nosotros morará en las llamas ardientes? ¿No sabe usted que el fuego puede morar con el fuego? Puede colocar hierro en el fuego y el hierro aprende a vivir con el fuego absorbiéndolo, y empezando a resplandecer con brillo incandescente en el fuego. Así moraremos en el fuego; estas criaturas en Ezequiel salían del fuego, y bajaban sus alas para adorar. A la orden de la Palabra de Dios se apresuran a hacer la voluntad de Dios, estas asombrosas criaturas de las cuales sabemos muy poco y de las que deberíamos saber más.

Dios se manifestó Él mismo como fuego cuando le habló a Moisés desde la zarza ardiente (Éxodo 3:2). Él iba con ellos en la columna de fuego:

> Y Jehová iba delante de ellos de día en una columna de nube para guiarlos por el camino, y de noche en una columna de fuego para alumbrarles, a fin de que anduviesen de día y de noche. Nunca se apartó de delante del pueblo la columna de nube de día, ni de noche la columna de fuego (Éxodo 13:21–22).

Dios moraba allí en ese asombroso fuego. Después cuando se construyó el tabernáculo y los querubines de oro cubrían el propiciatorio, ¿qué era lo que descendía entre las alas de los querubines? ¿Qué era eso que solamente un hombre podía ver, y él solamente una vez al año con la sangre? Me pregunto cuántos sacerdotes miraron la *Shejiná*,[a] pese a toda la protección de la sangre expiatoria y el mandamiento de Dios. El sacerdote atravesaba el velo grande y pesado que requería cuatro hombre para abrirlo. Y este hombre entraba temblando a la Presencia.

Me pregunto si, siendo judío y adorando al gran Dios todopoderoso, el Santo de Israel, uno de cada veinte se atrevió alguna vez a contemplar ese fuego. No se le dijo que no podía, pero me pregunto si alguien se atrevió a hacerlo alguna vez. Observo que hasta los serafines mismos cubrían sus rostros. Moisés "cubrió su rostro, porque tuvo miedo de mirar a Dios" (Éxodo 3:6). Juan cayó cuando vio al

Salvador y tuvo que ser levantado casi como de los muertos (Apocalipsis 1:17).

Cada encuentro con Dios ha sido tal que ese hombre caía al suelo y quedaba ciego. Pablo quedó ciego en el camino a Damasco (vea Hechos 9). ¿Qué fue la luz que lo cegó? ¿Fue un rayo cósmico que descendió de algún cuerpo que explotó o de dos galaxias que colisionaron? ¡No! Fue el Dios de Abraham, de Isaac y de Jacob, el Dios que moraba en la *Shejiná* entre las alas de los serafines.

Cuando estaban todos juntos en un lugar y de repente vino del cielo un estruendo como de un viento recio que soplaba y apareció fuego y se posó como lenguas repartidas, como de fuego, sobre cada uno de ellos (vea Hechos 2:1–3), ¿qué fue eso? ¿Qué pudo significar sino que Dios los estaba marcando en sus frentes con su ardiente santidad para decir: "Ahora ustedes son míos"?

La Iglesia nació del fuego, así como las criaturas de Ezequiel 1 surgieron del fuego. Hoy tenemos grises cenizas, pero debemos ser hombres y mujeres de fuego, porque ese es nuestro origen.

He aquí las palabras que nos dicen cómo un día Dios desenterrará los cielos:

> Pero los cielos y la tierra que existen ahora, están reservados por la misma palabra, guardados para el fuego en el día del juicio…los cielos pasarán con grande estruendo, y los elementos ardiendo serán deshechos….los cielos, encendiéndose, serán deshechos, y los elementos, siendo quemados, se fundirán…(2 Pedro 3:7, 10, 12).

¿Qué es ese fuego? ¿Tiene que ser el fuego atómico de una bomba de hidrógeno? No se deje engañar por los científicos. No permita que sus conceptos y percepciones espirituales sean arrastrados a una investigación del laboratorio. El asombroso fuego fuera del cual se movían los serafines, ese fuego que moraba entre los querubines y esa luz resplandeciente que derribó a Pablo, ese es el mismo fuego que disolverá el cielo y la tierra: la majestuosa presencia de esa Cosa santa, esa Cosa terrible. (No se ofenda porque digo *Cosa*: sé que Él es una Persona, Dios el Santo de Israel. Pero hay algo respecto a Él que es formidable y terrible).

El Santo y el pecador

Este Santo confronta al pecador, quien cree que va a decidir cuándo servirá a Cristo. Él va a mangonear a Dios. Va a decidir si acepta a Jesús o no, si va a recibirlo o no, a obedecerle o no. Él va a ir por el atrio con orgullo y sacando pecho.

El pecador, que esta noche apoyará la cabeza en la almohada con un latido entre él y la eternidad, se dice a sí mismo: *Yo decidiré esta cuestión. Soy un hombre con libre albedrío. Dios no está forzando mi voluntad.* No, Él no lo hará; pero yo tengo unas palabras para el pecador. "¿No eres tú desde el principio, oh Jehová, Dios mío, Santo mío? Muy limpio eres de ojos para ver el mal, ni puedes ver el agravio" (Habacuc 1:12–13).

La gente dice: "¿Sus problemas son demasiado para usted? Jesús manejará sus problemas. ¿Está mentalmente atribulado? Jesús le dará paz mental. ¿Tiene problemas en la oficina? Jesús le ayudará en la oficina". Todo eso es cierto, pero, ¡oh qué lejos está de la religión bíblica! ¡Dios estaba en medio de ellos!

¿Qué fue lo que reunió a la gente en el libro de los Hechos? Ellos ministraban al Señor, ayunaban y oraban. Y allí en la formidable presencia oyeron la voz del Espíritu Santo que dijo: "Apartadme a Bernabé y a Saulo" (Hechos 13:2). Ahora cuando la iglesia se reúne, nos abocamos a nuestro plan, a nuestro razonamiento y a nuestro pensamiento, cuando el Dios grande y santo está en medio de nosotros.

Le recomendaría que recuerde estas palabras: "Muy limpio eres de ojos para ver el mal". Usted tiene mal en su vida, en su corazón, en su hogar, en su negocio, en su memoria, todo lo no confesado, no perdonado y no purificado. Recuerde que es solo por la infinita paciencia de Dios que usted no es consumido (vea Lamentaciones 3:22). "Nuestro Dios es fuego consumidor" (Hebreos 12:29). Y también está escrito: "Seguid…la santidad, sin la cual nadie verá al Señor". De todas partes vienen maestros con sus interpretaciones gris sucio, tirando abajo esto, explicándolo y diciendo: "Vean la nota sobre esto o aquello". Pero sigue vigente: "Santidad, sin la cual nadie verá al Señor".

Si usted puede interpretar eso claramente e irse a su casa sin ser incomodado, me pregunto si sus ojos han contemplado alguna vez esa *cosa terrible*. Me pregunto si tiene "el conocimiento del Santísimo" (Proverbios 9:10). Me pregunto si esa sensación de la abrumadora y aplastante santidad de Dios ha venido alguna vez a su corazón.

Era común en otros tiempos, cuando Dios era el centro de la adoración humana, arrodillarse en el altar y sacudirse y temblar, llorar y transpirar en la agonía de la convicción de pecado. Se la esperaba en ese tiempo. No lo vemos ahora porque el Dios que predicamos no es el Dios eterno y terrible: "Santo mío", que es "muy limpio...de ojos para ver el mal".

Hemos usado la interpretación técnica de la justificación por fe y la imputación de la justicia de Cristo hasta diluir el vino de nuestra espiritualidad. ¡Dios nos ayude en esta hora mala!

Nosotros entramos a la presencia de Dios con almas contaminadas. Venimos con nuestros propios conceptos de moralidad, que hemos aprendido de los libros, de los periódicos y de la escuela. Venimos sucios a Dios: nuestro blanco más blanco está sucio, nuestras iglesias están sucias y nuestros pensamientos son sucios, ¡y no hacemos nada al respecto!

Si viniéramos a Dios sucios, pero temblando, impactados y atemorizados en su presencia, si nos arrodilláramos a sus pies y lloráramos como Isaías: "¡Ay de mí!...perdido estoy, pues soy hombre de labios inmundos" (Isaías 6:5, LBLA), entonces podría comprender. Pero entramos saltando en su presencia terrible. Estamos sucios, pero tenemos un libro llamado *Siete pasos hacia la salvación* que nos da siete versículos para sacarnos de nuestros problemas. Y cada año tenemos más cristianos, más gente asistiendo a la iglesia, más iglesias construidas, más dinero y menos espiritualidad y menos santidad. Nos estamos olvidando de la "santidad, sin la cual nadie verá al Señor".

Le digo esto: Quiero que Dios sea lo que Dios es: el santo impecable, la inaccesible Cosa santa, el Santísimo. Quiero que Él sea y siga siendo EL SANTO. Quiero que su cielo sea santo y su trono sea santo. No quiero que Él cambie o modifique sus requerimientos. Aunque me dejara afuera, yo quiero que quede algo santo en el universo.

Usted puede unirse casi a cualquier iglesia hoy en día. Oí recientemente de cierta iglesia en la cual al cantar el último himno abren las puertas y cualquiera puede unirse. Un gánster puede unirse. Yo digo: "¡Nunca, nunca, nunca!". Si no pueden entrar al cielo, ¡no deberían poder entrar a nuestras iglesias! Permitimos que nuestras iglesias permanezcan gris sucio en vez de suplicar por la blancura santa.

Tan pronto como alguien comienza a pedir que los cristianos sean santos, alguien viene y dice: "Bueno, hermano, no te entusiasmes demasiado con esto; no te conviertas en un fanático. Dios comprende nuestra carne; Él sabe que no somos sino polvo". Él sabe que no somos sino polvo, pero también dice que Él es "muy limpio…de ojos para ver el mal" y que sin santidad "nadie verá al Señor".

Thomas Binney escribió una de las cosas más admirables y maravillosas que se hayan escrito jamás:

¡Luz eterna! ¡Luz eterna!
  Qué pura debe ser el alma

Cuando, colocada en tu vista inquisitiva
No retroceda, sino que con calmo deleite
  Pueda vivir y mirarte a ti.

Los espíritus que rodean tu trono
  Pueden soportar tu ardiente gozo;
  Ciertamente solo ellos,

Ya que nunca jamás han conocido
Un mundo caído como este.

¡Oh!, ¿Cómo podré yo, cuyo ámbito nativo
Es oscuro, cuya mente es opaca,
Ante el Inefable aparecer,
Y en mi espíritu natural soportar
El haz de luz increado?

"¿Cómo podré yo…en mi espíritu natural soportar el haz de luz increado": ese ardiente haz, del cual surgieron los "seres ardientes" que cantan: "Santo, Santo, Santo es el Señor Dios todopoderoso"? ¿Cómo puedo soportarlo?

Todas sus ayudas religiosas, todas sus Biblias marcadas, todos sus amigos cristianos joviales, bromistas, que celebran banquetes, todo eso no significará nada cuando cada uno de nosotros sea llamado "a comparecer ante el Inefable y nuestro espíritu desnudo soporte el haz de luz increado". ¿Cómo vamos a hacerlo?

Hay una manera de que el hombre se eleve,
A ti, sublime Morada;
Una ofrenda y un sacrificio,
La energía del Espíritu Santo,
Un Abogado con Dios:

Estos, estos nos preparan para ver
La santidad arriba;
Los hijos de la ignorancia y la noche
Pueden morar en la Luz eterna,
Por medio del eterno Amor.

Creo que esa es una de las cosas más magníficas jamás escritas por hombre mortal. No lo cantamos mucho; es demasiado terrible y tenemos temor de él.

"Los espíritus que rodean tu trono"—los serafines, querubines, ángeles, arcángeles, principados, las potestades, las criaturas caídas—"pueden soportar el ardiente gozo", pero eso es porque "ellos nunca jamás han conocido un mundo caído como este".

Pero, ¿cómo puedo yo "soportar este ardiente gozo"? No es suficiente que alguien marque un Nuevo Testamento y frote mi nariz en él y trate de consolarme. *¡No quiero ser consolado!* Quiero saber como será ese tiempo cuando deje a mi esposa, a mis hijos, a mis nietos y a todos mis buenos amigos. No hay ni uno de ellos que pueda ayudarme en esa hora terrible cuando yo aparezca ante el Inefable, y el haz de luz increado impacte sobre mi espíritu desnudo.

Hay una manera. Es por medio de la "ofrenda y el sacrificio" de "el Abogado para con Dios". Pero no tome eso a la ligera. La conversión era una cosa revolucionaria, radical, maravillosa, terrible, y gloriosa. Pero no queda mucho de eso. Hemos olvidado que Dios es el Santo de Israel.

Oh Dios, el tiempo corre, volando como un pájaro asustado. El pájaro del tiempo está volando y tiene poco camino para revolotear. El vino de la vida se está yendo gota a gota, y las hojas de la vida están cayendo una a una. Pronto, ante el Inefable todo hombre debe aparecer para rendir cuentas por los hechos realizados en el cuerpo. Oh, Padre, mantén en nosotros un sentido de santidad para que no podamos pecar y justificarlo, sino que el arrepentimiento sea profundo en nuestras vidas. Te lo pedimos en el nombre de Cristo. Amén.

Capítulo 10

La perfección de Dios

De Sion, perfección de hermosura, Dios ha resplandecido (Salmo 50:2).

En este versículo tenemos tres palabras en especial relación unas con otras: "perfección", "hermosura" y "Dios". Y aunque es Sion la que es llamada perfección de hermosura, es la perfección de hermosura porque Dios ha resplandecido en ella.

Al tratar de comprender el cristianismo actual (y con eso no quiero decir el liberalismo ni el modernismo; quiero decir el evangelicalismo o cristianismo evangélico) debemos tener en cuenta dos cosas que han ocurrido en los últimos cincuenta años. Debemos tener en cuenta las ganancias obtenidas y las pérdidas que hemos sufrido.

Nuestras ganancias y pérdidas

Que las iglesias han obtenido algunas ganancias en los últimos cincuenta años no puede ser negado por nadie que quiera ser veraz. Por ejemplo, va a la iglesia un porcentaje de la población total mayor que el que solía ir, y hay un mayor número de personas que se llaman a sí mismas cristianas. Y además se multiplican las escuelas y seminarios teológicos, escuelas bíblicas, institutos cristianos de varias clases. Hay una siempre creciente inundación de literatura cristiana que está siendo publicada y difundida.

Luego está la popularidad de la religión en nuestro tiempo. Supongo que cuando las cosas son populares es más fácil propagarlas que cuando no lo son. Y por cierto el evangelio es bastante popular ahora. Tenemos como ventaja mejores sistemas de comunicación: radio, televisión (si a usted le gusta), teléfono y todos los demás medios modernos de comunicación. Hemos incrementado el transporte que permitirá a un predicador predicar en Chicago a la mañana y en Nueva York a la noche. Y tenemos varias organizaciones misioneras que han surgido a lo largo de los años.

Estaba pensando que no hay un solo grupo lingüístico, étnico, o social en ningún parte que no tenga alguien que se incline a evangelizarlo. Tenemos a los que quieren evangelizar a los judíos, a los hombres de negocios, a los estudiantes, a quienes están en los hospitales, a los que están en prisión, y a todos, en todo lugar. No podemos negar que se está haciendo mucho bien y el evangelio está siendo propagado. Esas son las ganancias que hemos obtenido, y hay muchas otras.

Pero hemos sufrido algunas pérdidas en el ínterin. Quiero mencionar ante usted estas pérdidas. Hemos perdido en nuestro cristianismo evangélico casi totalmente lo que la gente solía llamar temor de Dios. Y junto con nuestra pérdida del temor de Dios vino una correspondiente ligereza y familiaridades hacia Dios que nuestros padres nunca conocieron.

Falta de conciencia de lo eterno

Hemos perdido además la conciencia de lo invisible y lo eterno. El mundo está demasiado con nosotros así que lo invisible y eterno parece estar bastante olvidado, o al menos no somos conscientes de él. Solo tomamos brevemente conciencia de eso cuando alguien muere. La Iglesia ha perdido la conciencia de la divina Presencia y el concepto de majestad.

En una ocasión dije en un servicio que habíamos organizado tanto nuestras iglesias que Dios podría irse sin que nos enteráramos. Durante la semana recibí una llamada de una señora que había estado en ese servicio, pero que asistía a una iglesia evangélica diferente. Ella no fue crítica ni áspera, pero parecía estar angustiada. Dijo: "Señor Tozer, oí lo que usted dijo, que Dios podría dejar una iglesia sin que nos enteráramos. Quisiera decirle que Dios ha dejado nuestra iglesia".

Yo no quería ser culpable de hablar contra la iglesia o ayudarla en su crítica a la iglesia, así que dije: "Tal vez el Espíritu Santo está contristado en su iglesia".

"Oh, eso pasó hace tiempo", dijo ella. "Hace tiempo que el Espíritu fue contristado. Dios el Espíritu se ha retirado."

No sé cuán veraz era su juicio al respecto. Ella era muy amable y delicada. No estaba criticando mucho ya que solo expresaba lo que creía que era un hecho. La conciencia de la divina Presencia parece haberse marchado de las iglesias a un grado realmente terrible.

Nosotros también parecemos habernos alejado totalmente

del concepto de majestad. Esta es la era del hombre común y junto con el hombre común ha venido el dios común. Ya no tenemos héroes, porque cualquiera es igual a todos los demás, y el hombre común tiene ahora el control. Pero junto con el hombre común, digo, está el dios común, y con él la pérdida absoluta del concepto de majestad.

Pero usted dice: "Señor Tozer, ¿ya no hay concepto de majestad? ¿El mundo entero no concurrió cuando la reina fue coronada hace algunos años?".[1] Ese circo que hicieron en televisión no tiene en absoluto ningún sentido de majestad. No hubo majestad allí. Hemos coronado reinas de la calabaza y reinas del algodón y otras clases de reinas en este país, y fue la misma mezcla de teatralidad y sexo que se encuentra en todo lugar. Si esa muchacha hubiera sido una anciana dama hogareña no se habría hecho mucho. Pero era una hermosa muchacha de modo que tuvimos un gran momento, pero faltaba la majestad. Podían decir: "Su Majestad", pero no lo sentían.

El cristiano moderno ha perdido el sentido de la adoración junto con el concepto de majestad y, por supuesto, también la reverencia. Ha perdido su capacidad de hacer introspección y tener comunión con Dios en el lugar secreto, en el santuario profundo de su propio espíritu. Esto es lo que hace al cristianismo, y no hemos hecho más que perderlo. Añadimos números, sí, pero perdimos el temor. Multiplicamos las escuelas sí, pero perdimos la conciencia de lo invisible. Toneladas de literatura son difundidas, por supuesto, pero sin conciencia de la divina Presencia. Mejor comunicación, ciertamente, pero nada para comunicar.

Organizaciones evangelísticas, sí, pero el concepto de majestad, adoración y reverencia casi se ha ido.

Ganancias externas, pérdidas internas

El resultado total ha sido que nuestras ganancias fueron externas y nuestras pérdidas, internas. Esta es la gran tragedia de esta hora. Y al fin nuestras ganancias pueden probar que no son más que pérdidas esparcidas en un área mayor. Cualquiera puede ver que, si la calidad de nuestra religión es perjudicada, aunque la estemos extendiendo a más personas, estamos perdiendo en vez de ganar. Y si solo tenemos tanta gloria y la extendemos escasamente, no hemos ganado nada. Creo que es ahí donde estamos. Y creo que nunca podremos recobrar nuestra gloria hasta que volvamos a ser llevados a ver la terrible perfección de Dios.

A lo largo de los años ha crecido mi convicción de que debemos recobrar el concepto de la perfección de Dios. Debemos volver a ver cuán terrible [completamente formidable] es Dios, cuán hermoso y cuán perfecto. Y debemos comenzar a predicarlo, a cantarlo, a escribir sobre él, a promoverlo, a hablarlo, a contarlo y a orarlo hasta que hayamos recobrado el concepto de majestad, hasta que la conciencia de lo divino vuelva a nuestra religión, hasta que hayamos recuperado la capacidad y el deseo de retirarnos dentro de nuestros corazones y adorar a Dios en el silencio de nuestros propios espíritus.

He tratado de hacer volver a la gente de lo externo de la religión a lo interno. He intentado quitar las nubes y mostrar a Dios en su gloria. Me he levantado casi solo a predicar esto, y ha sido algo extraño. Es raro oír a un hombre predicar acerca de Dios el Santo. A las personas les gusta oír sobre eso, y me invitan aquí y allá a predicarlo. Pero, ¿por qué no podemos captar este concepto? No sé por qué, pero no me desanimo.

Si continuamos como estamos, esparciendo nuestra deteriorada religión, nuestro debilitado cristianismo hasta que el Señor venga, el Señor atravesará las nubes y se manifestará majestuoso y maravilloso arriba en el cielo y abajo en la tierra y debajo del mar, y en todo lugar se inclinarán y lo reconocerán como Señor y Rey. Pero quisiera ver que eso vuelva a la Iglesia antes de que llegue esa dramática hora. Quisiera ver que lo sepamos ahora.

¿Qué es la perfección?

¿Qué significa perfección? Según Webster, perfección significa "el grado más elevado posible de excelencia". Lo que es perfecto no carece de nada que debiera tener y no tiene nada que no debiera tener. La perfección es plenitud y completud. Algo que es perfecto no carece de nada y no tiene nada que no deba tener.

Esta palabra "perfección" o "perfecto" es una palabra relativa. Se encuentra bastante poco en la Biblia, porque es la traducción al español de varias palabras hebreas y griegas. Significa "lo que es excelente, lo que es el grado más elevado posible de excelencia". Por supuesto es una palabra relativa y la usamos de diversas maneras. Hablamos de que esta o aquella cosa terrenal es perfecta; la Biblia hace lo mismo.

La perfección es estar completo en su naturaleza. Es decir, es ser perfecto en lo que a usted se refiere. Si otra cosa de otra naturaleza fuera como usted, eso sería imperfecto. Permítame ilustrar esto. Cuando nace un niño, una de las primeras cosas que el médico hace, y una de las primeras cosas que la madre ansiosa hace, es examinarlo y ver si está bien. Buscamos dos piernas, dos brazos, dos ojos, dos orejas, una nariz. Y cuando encontramos que todo tiene el número correcto y está en el lugar correcto sonreímos y decimos: "Bueno, gracias a Dios por un pequeño bebé saludable". Eso es perfección para un niño humano.

Pero suponga que en la granja nace un potrillo y es examinado por el ansioso granjero. Él no busca dos patas; busca cuatro. Y si el animal tuviera dos sería deforme. Si el bebé tuviera cuatro piernas sería deforme. Perfección es tener solo lo que se debería tener, ser lo que es. La perfección en esa manera relativa significaría completud y plenitud de lo que usted es. Pero no podemos pensar así en Dios. Su perfección significa el grado más elevado posible de excelencia, entonces de ningún modo podemos aplicar a Dios este concepto. ¿Cómo podemos aplicar a Dios "lo más alto posible"? ¿Hay algo que *no sea* posible con Dios? ¿Cómo si Dios hubiera sido creado y hubiera hecho lo más elevado posible, que Él fuera tan perfecto como fuera posible para Él? No, eso no se puede aplicar a Dios; es solamente aplicable a las criaturas.

Dios no conoce medida

Cuando explicaba la infinitud de Dios señalé que en Dios no conoce medida. Dios no está en la cumbre máxima de una siempre ascendente perfección del ser, desde el gusano hacia arriba hasta que alcanzamos finalmente a Dios. Por el contrario, Dios es completamente diferente y separado, así que Dios no conoce medida. Dios es simplemente Dios, una infinita perfección de plenitud, y no podemos decir que Dios es un poco más o un poco menos. "Más" y "menos" son palabras para las criaturas. Podemos decir que un hombre tiene un poco más de fuerza hoy que ayer. Podemos decir que un niño es un poquito más alto este año; él está creciendo. Pero no se puede aplicar más o menos a Dios, pues Dios es el Perfecto; sencillamente, es Dios.

A veces cuando hablamos de la perfección usamos la palabra *excelencia*. ¿Alguna vez se detuvo a pensar lo que significa esa palabra? Significa "estar en un estado de superación", lo cual implica un *comparación* con algo o alguien. La excelencia en un músico significa que él es mejor músico que los demás músicos. Si él tiene un alto grado de excelencia, podríamos decir que tiene perfección en su campo. Él no, pero nosotros podríamos usar la palabra.

Pero cuando se trata de Dios, Él dice: "¿A qué, pues, me haréis semejante o me compararéis? dice el Santo" (Isaías 40:25). Usted no compara a Dios. Decimos que Dios es *incomparable*, y con eso queremos decir que solo Dios permanece como Dios, que nada puede compararse con Él. Isaías fue muy categórico aquí, y usó un lenguaje muy hermoso y elocuente, diciéndonos que no debemos comparar a Dios con nada ni nadie: nada arriba en los cielos ni nada abajo en la tierra.

La ley de Moisés decía: "No te harás imagen, ni ninguna semejanza de lo que esté arriba en el cielo, ni abajo en la tierra, ni en las aguas debajo de la tierra" (Éxodo 20:4). Hubo gente que pensó que eso significaba que nunca se debía hacer ninguna obra de arte. Pero el hecho es que en el templo había obras de arte ordenadas por Dios. De modo que Dios no estaba en contra de las obras de arte; Él estaba en contra de sustituir a Dios por ellas o pensar que eran como Dios.

"¿A qué, pues, me haréis semejante o me compararéis?", dijo Dios. Y sin embargo, la Biblia usa esta palabra *perfecto* todo el tiempo, y la aplica a Dios y a cosas que no son Dios. Por ejemplo, está el mandamiento del Señor: "Sed, pues, vosotros perfectos, como vuestro Padre que está en los cielos es perfecto" (Mateo 5:48). En el original griego, exactamente las mismas palabras que se aplican a Dios se aplican también a las personas.

¿Sabe por qué Dios usa la misma palabra? Porque no hay ninguna otra palabra. No se puede hallar el idioma que diga lo que Dios es. Así que Dios hace lo mejor que puede, considerando quiénes y cómo somos, para darse a conocer a nosotros. Dios no está limitado en sí mismo. Él está limitado en nosotros. Pablo dijo: "Sois estrechos en vuestro propio corazón" (2 Corintios 6:12), lo cual significa "Son ustedes mismos: ustedes son estrechos en sus propios corazones". La incapacidad de Dios para comunicarse con nosotros no es debida a la imperfección del Gran Dios, sino a la imperfección del hombre a quien Él esta tratando de darle la verdad.

Cuando aplicamos la perfección a Dios, queremos decir que Él tiene absoluta plenitud y completud de todo lo que tiene. Tiene absoluta plenitud de poder. Tiene además absoluta completud de sabiduría. Él tiene absoluto conocimiento. Él tiene absoluta santidad.

Cuando digo que un hombre es un cantante perfecto, restrinjo eso en mi mente. Pienso: *Bueno, él hace lo mejor que una persona puede hacer.* Pero, cuando digo que

Dios es santo, no lo restrinjo. Quiero decir eso absoluta y completamente. Dios es lo que es y eso es. El poder y el ser de Dios, su sabiduría y conocimiento, su santidad y su bondad, su justicia y su misericordia, su amor y su gracia—todos estos y más de los atributos de Dios—son de una perfección increada, brillante y absoluta. Se los llama la hermosura del Señor nuestro Dios en la versión en español de Casiodoro de Reina (Biblia del Oso) y en la Reina Valera Revisión 2000.

"Y sea la hermosura del SEÑOR nuestro Dios sobre nosotros" dijo Moisés en el Salmo 90:17 (RV2000 y Biblia del Oso). Y David dijo: "Una cosa he demandado a Jehová, ésta buscaré; Que esté yo en la casa de Jehová todos los días de mi vida, para contemplar la hermosura de Jehová, y para inquirir en su templo" (27:4). "La hermosura del Señor" significa que Dios tiene todo lo que debería tener de todo, una completud de todo. Si es amor, entonces no hay límite para el amor de Dios. Si es misericordia, no hay límite para la misericordia de Dios. Si es gracia, no hay fronteras para la gracia de Dios. Si es bondad, no hay límites para la bondad de Dios. Y a esto se le llama la hermosura del Señor nuestro Dios.

"De Sion, perfección de hermosura, Dios ha resplandecido" (Salmo 50:2). ¿Por qué Sion era la perfección terrenal de hermosura? Porque su hermosura provenía del Dios resplandeciente que moraba entre las alas de los querubines. No era solo arquitectónicamente hermosa sino que todos los conceptos acerca de ella eran hermosos. Su himnodia era hermosa. Sus ideas de adoración eran hermosas, brillando allí en el sol, sabiendo que Dios estaba allí entre las alas de los querubines morando en la *Shejiná*.[2] Era hermosa sobre toda la tierra. Todas las cosas cuando se acercan a Dios son hermosas. Y son feas cuando se alejan de Él.

Lo que honra a Dios es hermoso

A medida que envejezco amo más los himnos y menos la música secular. La música secular, por más hermosa y artística que pueda ser, y por más que pueda expresar la genialidad del compositor, tiene una joya faltante en su corona. Pero un himno, aunque no refleje el mismo grado de genialidad y un buen músico pudiera hallar fallas en él, sin embargo es hermoso porque tiene a Dios allí. El canto que honra a Dios es seguro que es hermoso.

Por esa razón el Salmo 23 es tan bello: porque honra a Dios. Y así ocurre con la propia Biblia entera; es un libro hermoso y brillante. Es hermoso, sea que esté encuadernado con el papel más económico o con el cuero más costoso; sea impreso en papel de prensa o en el más delicado papel de la India. Es un hermoso libro.

La teología misma es algo hermoso, hermoso porque es la mente razonando acerca de Dios. Es la mente de rodillas en un estado de apasionada devoción, razonando acerca de Dios, o debería serlo. Es posible que la teología se convierta en algo muy difícil y distante, y que podamos sacar a Dios de nuestra teología. Pero la clase de teología de la cual hablo, el estudio de Dios, es algo hermoso.

Por eso supongo que cuando un hombre envejece va más a David y menos a Platón. Por eso es que va menos a Aristóteles y más a Pablo. Hay hermosura en Pablo y en David, porque Pablo y David celebraban la perfección de

Dios, mientras que los otros trataban con otras cuestiones en general.

El cielo es el lugar de suprema belleza. Creo que debemos repensar todo nuestro concepto del cielo; debemos comenzar a orar y a escudriñar las Escrituras al respecto. Si usted fuera a ir a París al menos miraría un folleto para conocer adonde iría. Y si usted va a ir al cielo creo que debe saber algo acerca de él.

Se dice mucho al respecto en las Escrituras, pero estamos tan ocupados viviendo aquí abajo que no estamos muy interesados en él. No voy a tratar de describirlo; me temo que la mente de cualquiera que intente describir el cielo se trastornaría por el peso mismo. Eso no puede hacerse. Pero el cielo es el lugar de suprema belleza, eso es lo máximo que podemos decir. ¿Y por qué? Porque la perfección de la belleza está allí.

"Sea la hermosura del SEÑOR nuestro Dios sobre nosotros" (Salmo 90:17, RV2000). ¿Hubo jamás algo más hermoso que la historia del nacimiento de Jesús? ¿Hubo jamás algo más hermoso que la imagen de Jesús andando entre los hombres con ternura y humildad, sanando a los enfermos y resucitando a los muertos, perdonando a los pecadores y restaurando a la sociedad a la pobre gente caída? ¿Hay algo más maravilloso que Él yendo a la cruz para morir por aquellos que lo estaban crucificando?

¿Hubo algo más hermoso que ser el Creador de su propia madre, haber hecho el mismo cuerpo que le dio protección y finalmente lo dio a luz al mundo? ¿Hubo algo más terrible y magnífico y misterioso que el Dios-Hombre caminando entre los hombres, diciendo: "Yo veía a Satanás caer del cielo como un rayo" (Lucas 10:18) y "Antes que Abraham fuese, yo soy" (Juan 8:58)? Él era "el unigénito Hijo, que está en el seno del Padre" (Juan 1:18).

La belleza se centra en Cristo

Toda belleza se centra alrededor de Jesucristo. Por esa razón, dejando aparte el comercialismo, la Navidad es algo tan hermoso. Y es por eso que la Pascua es tan hermosa. Para mí, la Pascua es más hermosa que Navidad porque la Pascua celebra un triunfo, y la Navidad celebra la llegada de Alguien que todavía no había luchado. Él había nacido para luchar, pero no había luchado. Pero cuando llega la Pascua, cantamos: "Los tres días tristes pasaron pronto; Él resucita glorioso de los muertos".[3] Y hay hermosura allí, aunque no está la belleza del color, de los trazos, o de la proporción física. Usted puede adorarlo a Él en un establo; puede adorarlo en una mina; puede adorarlo en una fábrica.

No es la belleza externa la que es hermosa sino la interna. El cielo es hermoso porque es la expresión de aquello que es la perfección de la hermosura. Y aunque esto es verdad del cielo, debo decir además que el infierno es el lugar de absoluta y monstruosa fealdad, porque no tiene perfección; solamente existe la monstruosa deformidad moral. No hay nada hermoso en el infierno. Y en el cielo, por supuesto se halla la suprema hermosura.

La tierra se halla en medio. La tierra conoce la fealdad y la hermosura; se halla entre el cielo y el infierno. Y los habitantes de la tierra deben decidir si van a buscar la hermosura del cielo o la monstruosa, absoluta fealdad del infierno.

La gente se preocupa por si hay fuego o no en el infierno. No tengo razones para no creerlo; lo que la Biblia dice lo tomo como la verdad. No dudaría en referirme al fuego del infierno, pues la Escritura habla del "lago de fuego" (Apocalipsis 20:14–15). Pero si no hubiera fuego en el infierno, si el infierno fuera un país habitable, aun así sería el país más feo del universo, el lugar más terriblemente deforme conocido en la creación porque no hay nada de la perfección de la hermosura. Solo Dios es absolutamente perfecto.

Nada malo es hermoso

No es posible que algo malo sea hermoso. La Escritura dice "Adorad a Jehová en la hermosura de la santidad" (Salmo 29:2). Es posible que algo impuro sea lindo o atractivo, hasta fascinante. Pero no es posible que sea hermoso. Solamente lo que es santo puede ser básicamente hermoso.

"Adorad a Jehová" dice la Escritura, "en la hermosura de la santidad". No es una mención superficial, ni una relación casual de palabra con palabra: la hermosura de la santidad y la perfección de la hermosura, y el hecho de que solo Dios sea perfecto. Todas encajan juntas hermosamente, y caen en su lugar, pues Dios es hermoso más allá de lo descriptible. "Cuán hermoso debe ser ver a Dios" dice el himno. Y cuán indeciblemente horrible debe ser ver el infierno.

Si usted pudiera pensar en una prisión, si pudiera pensar en un lugar del que toda esperanza y toda misericordia han huido, entonces podría pensar en el infierno. Si pudiera pensar en un lugar del que estuviera ausente toda la sabiduría moral, donde no hubiera santidad y la bondad estuviera ausente, donde no hubiera justicia, misericordia, amor, bondad, gracia, ternura o caridad, sino solamente una monstruosa plenitud de impureza multiplicada, locura moral, odio, crueldad, e injusticia, entonces pensaría en el infierno. Es por esta razón que Dios nos llama hacia sí mismo.

¿Cuándo vamos a levantar una cosecha de predicadores que comiencen a predicar la perfección de Dios y digan a la gente lo que debe oír: que Jesucristo nació de la virgen María y sufrió bajo Poncio Pilato para morir y volver a vivir? Él resucitó para poder salvarnos de las eternas monstruosidades, y las fealdades que están lejos de Dios, que no son Dios. Él nos acerca a la hermosura que es Dios. Él vino a llamarnos a que nos alejemos del pecado, nos alejemos de la deformidad y la fealdad eterna que es el infierno, y vayamos hacia la santidad, la perfección y la hermosura eternas.

Jesucristo es Dios que viene a nosotros, pues "Dios estaba en Cristo reconciliando consigo al mundo" (2 Corintios 5:19). Oh, ¡qué hermoso es ese pensamiento de que Dios vino a nosotros en ese humilde pesebre! ¡Qué hermoso que Él vino a nosotros y caminó entre nosotros! Él vino con nuestro cuerpo y forma, cargando sobre sí mismo nuestra humanidad, para poder limpiarnos, purificarnos, purgarnos, rehacernos y restaurarnos, a fin de volver a llevarnos con Él a ese lugar que es la perfección de la hermosura.

No sé donde está el cielo. Leí que la gente del programa espacial lanzó una flecha bañada en oro, a sesenta y tantos miles de millas de distancia, y algunos se preguntan si al fin podría estar llegando o no al cielo. Tuve que sonreír ante eso, porque Dios no mora en el espacio; el espacio es nada para Dios. El gran corazón infinito de Dios reúne en sí mismo a todo el espacio.

Nuestro programa espacial es como un bebé que juega

con una pelota de goma en Wrigley Field. No puede hacer nada sino golpearla por allí y arrastrarse tras ella. Si la envía a dos pies, grita con placer como si hubiera lanzado un jonrón. Pero allí fuera, a 400 pies de distancia, se extiende el campo. Se requiere de un hombre fuerte para enviar la pelota sobre la valla.

Cuando el hombre envía su pequeña flecha, y alcanza la luna y entra en órbita alrededor de ella, se jacta de ello durante años. Continúa muchachito, juega con tu pelota de goma. Pero el gran Dios que rige el universo sonríe en su corazón. No está impresionado. Él está llamando a la humanidad hacia sí mismo, hacia su santidad, su hermosura, su amor, su misericordia y su bondad. Ha venido para reconciliarnos y nos llama a volver.

Nada maravilloso hay en el mundo

Le pregunto, ¿qué tiene para ofrecer el mundo? Nada. Estamos siendo bombardeados constantemente por anunciantes que están tratando de hacernos creer que los aparatos que fabrican merecen nuestra atención. Claro, si usted quiere ir a algún lugar y necesita un automóvil, obtenga uno, pero no imagine que eso sea maravilloso. Si quiere volar a San Francisco, vuele, pero no imagine que eso sea maravilloso. No imagine que nada sea maravilloso.

"Y será llamado Consejero Maravilloso" (Isaías 9:6, NTV), y solo Él puede hacer participar y maravillar a ángeles, serafines, querubines, arcángeles y todos los seres y criaturas. Solamente Él es maravilloso, y vino a nosotros para reconciliarnos consigo mismo. ¡Cuán hermoso, cuán maravilloso!

Hay una canción que dice "Toma todos mis intereses mortales y déjalos morir, y dame solo a Dios". Si usted desea orar estratégicamente, de una manera que agrade a Dios, ore que Dios levante hombres que vean la hermosura del Señor nuestro Dios y comiencen a predicarla y extenderla a la gente, en vez de ofrecer paz mental, liberación del cigarrillo, un mejor empleo y una casita más linda.

Dios sí libera a los hombres del cigarrillo; sí ayuda a los hombres de negocios; sí responde la oración. Pero eso son solo añadiduras. Son el nivel de jardín de infantes de la religión. ¿Por qué no podemos ir más allá y decir con el salmista: "De Sion, perfección de hermosura, Dios ha resplandecido" (Salmo 50:2), y mirar a la cima del monte y ver la ciudad de nuestro Dios, la nueva Jerusalén? Dios, la Maravilla del universo, está brillando desde allí.

¿De qué sirve toda nuestra ajetreada religión si Dios no está en ella? ¿De qué sirve si hemos perdido la majestad, la reverencia, la adoración, la conciencia de lo divino? ¿De qué sirve si hemos perdido el sentido de la Presencia y la capacidad de replegarnos a nuestro propio corazón y encontrarnos con Dios en el huerto? Si hemos perdido eso, ¿por qué construir otra iglesia? ¿Por qué lograr más convertidos a un cristianismo decadente? ¿Por qué traer gente para que siga a un Salvador desde tan lejos que Él ya no los reconozca?

Necesitamos mejorar la calidad de nuestro cristianismo, y nunca lo haremos hasta que volvamos a elevar nuestro concepto de Dios al que tenían los apóstoles, sabios, profetas, santos y reformadores. Cuando volvamos a poner a Dios donde le corresponde, instintiva y automáticamente volveremos a avanzar; toda la espiral de nuestra dirección religiosa será ascendente. Pero tratamos de solucionarlo con métodos; tratamos de producirlo con tecnología; tratamos de crear avivamientos con maniobras publicitarias.

Tratamos de promover la religión, olvidando que descansa sobre el carácter de Dios. Si tengo un bajo concepto de Dios, mi religión solo puede ser un asunto barato y diluido. Pero si mi concepto de Dios es digno de Dios, entonces puede ser noble y digna; puede ser reverente, profunda, hermosa. Esto es lo que quiero ver una vez más entre los hombres. Ore de esta manera, ¿quiere hacerlo?

Oh, Dios Padre nuestro, qué fácil es reincidir, estar viviendo y sin embargo estar muerto. Cuán fácil es convertirse en parte de un tropel de gente de iglesia jovial, que charla y ríe tontamente, mientras el mundo envejece, el juicio se acerca, el infierno ensancha sus límites y el anticristo se prepara para tomar el mando. Mientras el mundo se unifica y se alista para un rey, oh Dios, mi iglesia está jugando y diciendo: "Yo soy rico, y me he enriquecido, y de ninguna cosa tengo necesidad" (Apocalipsis 3:17). Tenemos más gente que asiste, tenemos más dinero que lo que jamás tuvimos. Nuestras iglesias cuestan más y nuestras escuelas están llenas y nuestros programas son muchos. Pero estamos olvidando, oh mi Dios, que la calidad de nuestro cristianismo ha sido grandemente afectada.

Oh, restaura otra vez, clamamos, vuelve a restaurar a tu Iglesia su visión de ti. Vuelve a restaurar a tu Iglesia la visión del Gran Dios. Muéstranos tu rostro, tu hermoso rostro, una permanente visión de la Majestad. No te pediremos un haz de luz fugaz; queremos una permanente visión de ti en toda tu maravilla.

Oh Dios, los hombres pecan una y otra vez mientras se ríen de la religión; se ríen de ella y la toleran. Pero, oh Dios, hemos perdido nuestro temor y nuestro sentido de majestad y nuestro asombro. Vuelve a darnos, oramos, la majestad de los cielos; vuelve a danos una visión de la majestad para que podamos saber cuán maravilloso eres. "Tu majestad, cuán brillante; cuán hermosa tu misericordia en las profundidades de la ardiente luz".

Envíanos adelante a orar, a caminar sabiendo que en verdad estamos en el huerto, así como caminabas tú "en el huerto, al aire del día" (Génesis 3:8), y Adán se escondió. Oh cuántos de nosotros, Señor, nos escondemos detrás de una cosa o de otra porque no estamos preparados moral y espiritualmente para salir y caminar contigo. Pero "Caminó, pues, Enoc con Dios, y desapareció, porque le llevó Dios" (Génesis 5:24). Moisés miró tu rostro y su rostro brilló (vea Éxodo 34:29). Oh Dios, envíanos no solo a hacer conversos, sino a glorificar al Padre y a presentar la hermosura de Jesucristo a los hombres. Todo esto lo pedimos en el nombre de Jesucristo nuestro Señor. Amén.

Notas finales

Capítulo 10
La perfección de Dios

1. La coronación de Isabel II, Reina de Inglaterra, ocurrida en 1952.

2. *Shejiná*: Un término hebreo aplicado a la manifestación visible de la presencia de Dios.

3. "The Strife Is O'er" (El conflicto es arriba), traducido al inglés por Francis Pott.

Notas de la traducción

Capítulo 3
La bondad de Dios

a. "Dios vaquero", "religión del vaquero". Entendemos que el siguiente párrafo de un artículo de Tozer puede ayudar a comprender el concepto: "El acto de adorarlo, o no, dependerá del concepto que tengamos de Dios; es por ello que yo desconfío de esos vaqueros convertidos a medias, que se refieren a Dios como 'al Hombre de allá arriba.' No creo que lo adoren para nada porque su concepto de Dios no es digno ni de Él ni de ellos. La enfermedad horrible que existe en la iglesia de Cristo, es que no vemos su grandeza. Estamos demasiado familiarizados con Él". A. W. Tozer, "Aquella joya perdida de la adoración", Revista Rhema Nº 58. http://www.peniel-argentina.org/rhema/rhema%2058 /articulo2.htm (Consulta en línea, 26 de febrero de 2013).

b. Fuente: http://www.amediavoz.com/khayyam.htm#LA VIDA UNIVERSAL (Consulta en línea, 17 de febrero de 2013.)

Capítulo 9
La santidad de Dios

a. *Shejiná:* Término hebreo aplicado a la manifestación visible de la presencia de Dios.

LOS ATRIBUTOS DE DIOS

VOLUMEN UNO

— *guía de estudio* —
por
DAVID E. FESSENDEN

A.W. TOZER

Contenido

Reconocimientos . . . . *v*

Cómo usar esta guía *1*

Sesión 1: *Introducción* *3*

Sesión 2: *Capítulo 1.* La infinitud de Dios *9*

Sesión 3: *Capítulo 2.* La inmensidad de Dios *17*

Sesión 4: *Capítulo 3.* La bondad de Dios *27*

Sesión 5: *Capítulo 4.* La justicia de Dios *35*

Sesión 6: *Capítulo 5.* La misericordia de Dios *43*

Sesión 7: *Capítulo 6.* La gracia de Dios *53*

Sesión 8: *Capítulo 7.* La omnipresencia de Dios *65*

Sesión 9: *Capítulo 8.* La inmanencia de Dios *75*

Sesión 10: *Capítulo 9.* La santidad de Dios *87*

Sesión 11: *Capítulo 10.* La perfección de Dios *95*

Sesión 12: *Revisión.* *107*

Reconocimientos

Mucha gente me ha ayudado en este esfuerzo, pero quiero agradecer especialmente a:

Jon Graf, que pavimentó el camino para las guías de estudio de Tozer con su *Study Guide for The Pursuit of God* (Guía de Estudio de *La búsqueda de Dios*), que usé como modelo para esta guía.

Dan Bareman y su clase de Immanuel Alliance, por dedicar un trimestre de la Escuela Dominical a poner a prueba estas lecciones.

Mi esposa, que valientemente renunció a tantas horas de estar juntos para esto.

Cómo usar esta guía

Esta guía de estudio ha sido desarrollada para ayudarlo a usted a obtener lo mejor de *Los atributos de Dios volumen I*, de A. W. Tozer. Eso le posibilitaría a usted entender más claramente lo que Tozer está diciendo y aplicar a su propia vida las verdades que él establece.

La guía de estudio está diseñada para uso tanto personal como grupal. La sección de estudio personal (el material que se presenta primero en cada sesión de esta guía) debería leerse después de que usted haya leído el correspondiente capítulo de *Los atributos de Dios volumen I*. Permita que sus comentarios y preguntas lo ayuden a reflexionar sobre los principales puntos que Tozer formula. También le proveerá versículos adicionales para leer y estudiar. La sección para el estudio en grupo ofrece un plan de lección y preguntas para la discusión para quienes deseen utilizar *Los atributos de Dios volumen I* como texto para una clase de adultos de la Escuela Dominical o un estudio en grupos pequeños.

Estudio personal

Ya sea que estudie usted personalmente o como líder de una clase o grupo pequeño, debe comenzar por leer la sección de estudio personal de la sesión 1. Eso le proveerá de información sobre los antecedentes de A. W. Tozer y los dos volúmenes de *Los atributos de Dios*.

Desde ese punto en adelante, el mejor método de estudio será leer detenidamente un capítulo de *Los atributos de Dios volumen I* y luego seguir con la correspondiente lección de la guía de estudio. A menos que usted sea líder de un grupo, no necesitará leer la sección "PLAN DE LECCIÓN—Estudio grupal".

Estudio Grupal: instrucciones para el líder

Para preparar cada sesión de su clase o grupo, usted deberá leer toda la sección de esta guía que coincide con el capítulo de *Los atributos de Dios volumen I* que su grupo esté estudiando. En otras palabras, deberá leer tanto la sección para estudio personal como el plan de lección para el grupo.

En los planes de lección para el grupo se usan los mismos subtítulos que para el estudio personal. Se hace así para ayudarlo a encontrar información rápidamente. Cuando la actividad recomienda que usted lea una cita de *Los atributos de Dios volumen I*, generalmente se indican los números de página del texto del libro, o la cita está en la sección de estudio personal de esta guía bajo el correspondiente subtítulo. La sección de estudio personal también le sugerirá aspectos significativos que usted podría querer destacar.

Naturalmente, *todos* los miembros del grupo deben tener un ejemplar de *Los atributos de Dios volumen I* y mantenerse al día con las tareas de lectura. Estas lecciones, sin embargo, están diseñadas para que aun los miembros que no hayan cumplido las tareas de lectura puedan obtener algunos beneficios de la clase.

Introducción:
A. W. Tozer y los atributos de Dios

Estudio personal

Material complementario: David J. Fant, Jr., *A. W. Tozer: A Twentieth-Century Prophet* [A. W. Tozer: un profeta del siglo veinte] (Camp Hill, PA: WingSpread Publishers, 1964; reprint, 2002); James Snyder, *In Pursuit of God: The Life of A. W. Tozer* [En busca de Dios: La vida de A. W. Tozer] (1991); A. W. Tozer: *The Knowledge of the Holy* (San Francisco: Harper and Row, 1961) [Hay edición castellana: *El conocimiento del Dios santo*, Editorial Vida, 1996].

Bienvenido a *Los atributos de Dios volumen I*. Antes de comenzar el primer capítulo, le ayudará conocer un poco acerca del autor de este libro y de cómo llegó a existir este volumen.

A. W. Tozer nació en una pequeña granja de la Pensilvania rural. Vino a Cristo siendo joven y comenzó el ministerio pastoral sin haberse preparado en ninguna universidad ni seminario. Sirvió solamente en unas pocas iglesias en sus cuarenta y cuatro años de ministerio, treinta y uno de ellos en una modesta congregación de Chicago. Nada en sus antecedentes indica el profundo impacto que tendría sobre las vidas de millones de creyentes de todo el mundo.

Aunque disfrutó de una saludable reputación como predicador, si no hubiera sido por su habilidad como escritor jamás habría alcanzado la prominencia mundial que logró. Sus dos libros más populares—*La búsqueda de Dios* y *El conocimiento del Dios santo*—son considerados clásicos en los géneros de vida cristiana y teología popular.

Los dos volúmenes de *Los atributos de Dios* tienen cierta combinación de esos dos *best sellers*, en cuanto cubren los mismos tópicos que *El conocimiento del Dios santo* (los atributos de Dios) y tienen el sabor devocional de *La búsqueda de Dios*. Cada atributo de Dios que es discutido en esos dos libros es presentado a la luz de la relación personal del creyente con Dios.

Ambos volúmenes de *Los atributos de Dios* comenzaron siendo una serie de mensajes grabados, lo que habría sido un inconveniente para otro predicador que no fuera Tozer. La transcripción de la mayoría de los sermones, aunque muchos son realmente buenos, puede hacer aburrida su lectura porque hay una definida pérdida en el poder de expresión cuando el mensaje pasa del habla viva a la página impresa. Pero no es así en Tozer. Se ha dicho que él escribió sus sermones con el formato de un artículo de revista, lo que explicaría por qué ellos retienen en el papel tanto de su dinamismo.

Además, he editado cuidadosa pero levemente el material para recortar las casi inevitables redundancias y frases poco claras propias de cualquier mensaje hablado. Me he esforzado en mantener la "voz" de Tozer aunque limando asperezas del texto hacia la alta calidad de sus otras obras escritas. El resultado es una serie de capítulos bastante amenos sobre los atributos de Dios, compilados en un formato que pienso que Tozer habría encontrado aceptable.

Al comenzar este estudio, usted se preguntará: ¿Qué llevó a Tozer a predicar sobre los atributos de Dios? La respuesta a eso está envuelta en la consumidora ambición a la cual él dedicó su vida.

Tozer fue un hombre impulsado por el deseo de conocer a Dios en plenitud. Jon Graf, en su guía de estudio de *La búsqueda de Dios*, dice que Tozer le confesó una vez a Robert Battles, su amigo de toda la vida: "Quiero amar a Dios más que ninguno de mi generación". Graf manifestó: "Para algunos de nosotros eso puede sonar egoísta y arrogante, pero para Tozer no era así. Eso simplemente surgía de su sincero deseo de enriquecer su relación con el Señor".

El deseo de conocer a Dios más profunda e íntimamente guío de modo natural a Tozer a estudiar los atributos de Dios. Como él mismo dice en este volumen:

> El cristianismo de cualquier época ha sido fuerte o débil dependiendo de su concepto de Dios. E insisto sobre esto y lo he dicho muchas veces, que el problema básico de la Iglesia de hoy es su indigna concepción de Dios (pág. 38).

Pondere por un momento estos otros comentarios de Tozer sobre nuestra necesidad de conocer *acerca de* Dios si verdaderamente intentamos *conocer* a Dios:

> Es vitalmente importante que pensemos concienzudamente respecto a Dios. Dado que Él es el fundamento de todas nuestras creencias religiosas, se sigue que si

erramos en nuestras ideas de Dios, nos descarriaremos respecto a todo lo demás.

This World: Playground or Battleground?
(Este mundo: ¿patio de juegos o campo de batalla?)

La esperanza de la Iglesia reposa en la pureza de su teología, es decir, sus creencias acerca de Dios y el hombre y sus recíprocas relaciones.

The Set of the Sail (
Hacerse a la mar)

Con bastante frecuencia se nos ha advertido que la moralidad de cualquier nación o civilización se sigue de sus conceptos de Dios. Una verdad paralela se oye menos frecuentemente: cuando una iglesia comienza a pensar impura e inadecuadamente acerca de Dios, empieza a declinar.

Debemos pensar noblemente y hablar dignamente de Dios. Nuestro Dios es soberano. Haríamos bien en seguir a nuestros antepasados chapados a la antigua que sabían lo que era arrodillarse en adoración admirados, sin aliento, en la presencia del Dios que está deseoso de reivindicarnos como su propiedad por gracia.

Jesus, Our Man in Glory
(Jesús, nuestro hombre en la gloria)

La adoración, digo, se eleva o cae según nuestro concepto de Dios; es por eso que no creo en esos vaqueros convertidos a medias que llaman a Dios "el Hombre de arriba". No creo que ellos adoren en absoluto, porque su concepto de Dios es indigno de Dios e indigno de ellos. Y si hay una enfermedad terrible en la Iglesia de Cristo es que no vemos a Dios tan grande como es.

Worship: The Missing Jewel
(Adoración: La joya perdida)

A medida que avance en esta guía de estudio, sea individual o grupalmente, responda las siguientes preguntas:

- ¿Qué implicaciones tiene mi entendimiento de este particular atributo para mi relación con Dios?

- Si verdaderamente entiendo y creo en este atributo de Dios, ¿cómo cambiaría eso mi modo de vivir?

Creo que si usted mantiene en su mente esas preguntas mientras lee y estudia, obtendrá el máximo beneficio de *Los atributos de Dios volumen I*. Que el Señor lo bendiga en su viaje hacia el corazón del Padre.

PLAN DE LECCIÓN—*Estudio grupal*

Propósito: Ayudar a mis estudiantes a prepararse para este estudio de los atributos de Dios definiendo lo que es un atributo y discutiendo por qué Tozer elige predicar acerca de ellos.

Introducción

1. Comience con oración.

2. Haga que alguien lea Jeremías 9:24. Haga que el grupo discuta lo que significa "entender" y "conocer" al Señor.

Aprender sobre los atributos de Dios

1. Lea las citas de Tozer en el estudio personal (*Guía de Estudio* pág. 5-6). Responda las siguientes preguntas:

   a. ¿Qué relación establece Tozer entre nuestro concepto de Dios y nuestro caminar cristiano?

   b. ¿Es una afirmación válida? ¿Por qué sí o por qué no?

2. Lea la siguiente definición de la palabra *atributo*:
   "Una característica o cualidad de una persona o cosa"
   (*Webster's New World Dictionary*, Third College Edi-
   tion, Simon & Schuster, 1988). Discuta con la clase cómo
   aprender acerca de los atributos de Dios puede perfeccionar nuestro concepto de Dios.

3. Si todavía no ha repartido los ejemplares de este libro,
   hágalo ahora. Dedique unos minutos a examinar los diversos atributos mencionados en la tabla de contenido.
   Pregunte: "¿Qué atributos los intrigan especialmente?
   ¿Por qué?".

4. Basándose en el estudio personal, explique un poco la
   vida de A. W. Tozer y cómo este libro llegó a existir. Deberá decir algo que pueda convencer a los miembros de
   su clase de que deben leer el libro capítulo a capítulo, de
   cabo a rabo.

Cierre

1. Asigne la tarea de leer el capítulo 1 del libro. Para des-
   pertar el apetito de su grupo, usted puede leer una breve
   e incisiva cita del capítulo.

2. Cierre con oración.

Capítulo 1:
La infinitud de Dios

Estudio personal

Material complementario: Juliana de Norwich, *Revelations of Divine Love [Revelaciones del Amor Divino]* (New York: Penguin Classics, 1999).

Parece natural que al hablar de los atributos de Dios, Tozer comience por la infinitud. Como Tozer la define, *infinitud* significa que "todo lo que Dios es, lo es sin límites ni fronteras" (pág. 4). Probablemente el mayor peligro al estudiar los atributos de Dios es la posibilidad de llegar a pensar, al menos de modo subconsciente, que podemos *entender* completamente a Dios. Tozer señala de inmediato ese error conceptual resaltando que Dios es infinito: nunca podemos llegar al fin de nuestro conocimiento de Él.

Sin embargo, ¿no es raro que comience su mensaje con el siguiente versículo?

Si, pues, habéis resucitado con Cristo, buscad las cosas de arriba, donde está Cristo sentado a la diestra de Dios. Poned la mira en las cosas de arriba, no en las de la tierra. Porque habéis muerto, y vuestra vida está escondida con Cristo en Dios (Colosenses 3:1–3).

Extraño, ¿verdad? El pasaje parece discutir la posición del creyente en Cristo, más bien que la infinitud de Dios. ¿Por qué el capítulo comienza aquí? La respuesta a esa pregunta es el hilo que corre a través de los dos volúmenes de *Los atributos de Dios*: En cada capítulo, Tozer procura mostrar cómo los atributos de Dios se relacionan directamente con nuestra vida en Él.

El viaje al infinito

"Las últimas ocho palabras de este versículo, dice Tozer, constituirían un buen sermón para cualquiera: 'Vuestra vida está escondida con Cristo en Dios'" (págs. 1–2). En esta vida escondida en Dios es en donde la infinitud de Dios se encuentra con nuestra necesidad espiritual. Para ilustrarlo, Tozer cita de *Revelations of Divine Love* [Revelaciones del amor divino], de la autora medieval *lady* Juliana de Norwich: "Súbitamente la Trinidad llenó mi corazón de gozo. Y entendí que así sería en el cielo, por la eternidad" (págs. 1–2). Tozer comenta que esa es una visión del cielo claramente diferente del cielo "utilitario" con el que mucha gente sueña. Lea la descripción de Tozer de esas dos concepciones del cielo en las páginas 1–2. ¿Cuál está más cerca de su concepto del cielo?

La vida escondida empieza, dice Tozer, cuando nos damos cuenta de que "Dios es todo cuanto podríamos tener y podemos desear". Una vez que realmente creemos que todo cuanto necesitamos y deseamos se encuentra solamente en Dios, la significación de la infinitud de Dios es sobrecogedora. Como Tozer lo expresa;

El cristianismo es una puerta hacia Dios. Y entonces, cuando usted entra en Dios, "con Cristo en Dios", está en un viaje hacia lo infinito, a la infinitud. No hay límites ni lugar para detenerse. No hay solo una obra de la gracia, ni una segunda o tercera, y eso es todo. Hay *innumerables* experiencias y épocas y crisis espirituales que pueden ocurrir en su vida mientras usted viaja hacia el corazón de Dios en Cristo.

¡Dios es infinito! Ese es el pensamiento más difícil que le pediré que capte. Usted puede no entender lo que significa infinito, pero no deje que eso lo moleste; ¡yo no lo entiendo y estoy tratando de explicárselo a usted! (págs. 3–4).

El infinito no puede ser medido

Tozer trata de ayudarnos a concebir la vastedad de la infinitud de Dios mostrándonos cuán diferente es Él de las cosas creadas. "No hay nada ilimitado sino Dios, y nada infinito sino Dios. Dios existe por sí mismo y es absoluto; todo lo demás es contingente y relativo" (pág. 5).

Mi ilustración favorita es la que él toma prestada de C. S. Lewis:

C. S. Lewis dijo que si usted pudiera pensar en una hoja de papel extendida infinitamente en todas direcciones, y si tomara un lápiz e hiciera una línea de una pulgada de largo, eso sería el tiempo. Donde usted empieza a presionar el lápiz representa el comienzo del tiempo y donde lo levanta del papel, el fin del tiempo. Y alrededor, infinitamente extendido en todas direcciones, está Dios (pág. 5).

En todo esto, Tozer nos está invitando a expandir nuestras mentes—a ejercitar nuestra imaginación—para concebir la grandeza de Dios. No, por supuesto, no podemos captar la vastedad de Dios con nuestras pequeñas, finitas mentes, pero eso es un comienzo hacia tener una concepción de Dios que sea más digna de Él. Tozer dice que esa clase de ejercicios mentales son "una buena cura para este pequeño dios barato que tenemos ahora" (pág. 6).

De la misma manera que evaluó su concepto del cielo al comienzo de esta lección, piense en su concepto de Dios. Aunque nadie puede esperar concebir a Dios de una manera que siquiera se aproxime a su infinita majestad, hágase a sí mismo estas preguntas: ¿Es mi concepto de Dios demasiado pequeño? ¿Es digno del Dios a quien sirvo? ¿Cómo podría una idea de Dios más grande afectar la manera en que vivo?

Dios se complace consigo mismo

Algunas personas parecen temer tal concepción de Dios alto y magnánimo, porque en sus mentes aparece frío, impersonal y distante. Tozer, sin embargo, no tiene tal temor ni tal concepto erróneo. Por eso nos recuerda que Dios se complace consigo mismo y con su creación.

> Una madre no tiene que levantarse para alimentar a su bebé a las dos de la madrugada. No hay ninguna ley que la obligue a hacerlo. La ley probablemente la obligará a cuidar del pequeño pillo, pero no tendría la obligación de darle ese amoroso cuidado que le brinda. Ella quiere hacerlo. Yo solía hacerlo por nuestros pequeños, y lo disfrutaba. Una madre y un padre hacen lo que hacen porque les gusta hacerlo.
>
> Lo mismo sucede con nuestro formidable, eterno, invisible, infinito, sabio, omnisciente Dios, el Dios de nuestros padres, el Dios y Padre de nuestro Señor Jesucristo y el Dios a quien llamamos "nuestro Padre que está en los cielos". Él es ilimitado e infinito; no puede ser pesado ni

medido; no se le pueden aplicar la distancia, el tiempo ni el espacio, ya que Él hizo todas las cosas y todas las cosas en Él subsisten, en su propio corazón. Aunque se levanta por encima de todo, al mismo tiempo este Dios es un Dios amigable, agradable, y se deleita consigo mismo (págs. 8–9).

¿Describe esto su relación con Dios? ¿Es Él su Padre infinito pero personal y amoroso? ¿Sabe que Él se deleita en usted?

Dios se deleita en su obra

Si queda alguna duda de que el infinito Dios se deleita en nosotros, Tozer refiere la parábola de la oveja perdida de Lucas 15, donde el pastor, cuando encuentra la oveja perdida, "regocijándose, la pone sobre sus hombros" (15:5, BTX).

Tozer dice que Dios está entusiasmado con toda su creación. "Este Dios infinito está disfrutando. Alguien la está pasando bien en el cielo y en la tierra y en el mar y en el firmamento" (págs. 11–12). Al meditar en la vasta infinitud de Dios, no debemos imaginar de ningún modo que la grandeza de Dios disminuya ni por un momento su interés y solicitud por todas las obras de sus manos. Este es el gran Dios al que servimos: infinito, pero íntimo.

Cantar con júbilo

Tozer señala también que hubo cánticos en la creación ("cuando cantaban juntas las estrellas del alba" [Job 38:7, LBLA]), y que habrá cánticos al fin de tiempo ("y cantaban un nuevo cántico" [Apocalipsis 5:9]), así como en otros eventos principales del eterno plan de Dios. Todas las obras de Dios son una jubilosa celebración.

Esto nos trae de nuevo a la cita de *lady* Juliana, del comienzo del capítulo: "Súbitamente la Trinidad llenó mi corazón de gozo. Y entendí que así sería en el cielo, por la eternidad" (pág. 1). Dios nos llama a unirnos a la celebración con el Padre, el Hijo y el Espíritu Santo. *Lady* Juliana también dijo: "Donde aparece Jesús se entiende la bendita Trinidad" (pág. 2). Como Tozer dice:

> La infinita Deidad nos invita a que vayamos a Él a compartir las intimidades de la Trinidad. Y Cristo es el camino.
>
> La luna y la tierra giran de tal manera que solo vemos un lado de la luna y nunca vemos el otro. El eterno Dios es tan inmenso, tan infinito, que no puedo tener la esperanza de conocer todo lo que haya para saber de Él. Pero Dios tiene un lado enfocado hacia el hombre, así como la luna tiene un lado enfocado hacia la tierra. Así como la luna siempre tiene esa cara sonriente hacia la tierra, Dios siempre tiene un lado enfocado hacia el hombre, y ese lado es Jesucristo (pág. 14).

¿Qué podemos aprender de este estudio de la infinitud de Dios? Descubrimos un Dios que está más allá de nuestra comprensión, pero que está íntimamente interesado en nosotros. Más que eso, nos invita a relacionarnos con Él. Él es el Dios de quien nunca llegaremos a aburrirnos, el Dios a quien podemos conocer, pero sin alcanzar nunca su fin. ¡Este es el Dios al que adoramos!

PLAN DE LECCIÓN—Estudio grupal

Propósito: Ayudar a mis estudiantes a comprender el atributo de infinitud de Dios, y cómo se aplica a las relaciones con Él.

Introducción

1. Comience con oración.

2. Haga que alguno lea Colosenses 3:1-3. Discutan cómo se relaciona este pasaje con la infinitud de Dios.

El viaje al infinito

1. Pida a los estudiantes que busquen y relean la definición de Tozer de la infinitud de Dios en el texto del capítulo. (Pista: está bajo este subtítulo.)

2. Discutan lo que Tozer quiere decir con "el viaje al infinito". Para romper el hielo, lea esta afirmación: "No hay solamente una obra de la gracia, ni una segunda o tercera, y eso es todo. Hay *innumerables* experiencias y épocas y crisis espirituales que pueden ocurrir en su vida mientras usted viaja hacia el corazón de Dios en Cristo" (pág. 11).

El infinito no puede ser medido

1. Pida a los estudiantes que dediquen un momento a meditar en silencio en la ilustración de C. S. Lewis (pág. 5 del texto).

2. Tozer dice que muchos cristianos tienen una inadecuada idea de Dios. "Este pequeño dios barato que hemos inventado puede ser su compinche: 'el de arriba', el que lo ayuda a ganar los juegos de béisbol" (pág. 6). ¿Es justa esta afirmación? Discútanlo.

Dios se complace consigo mismo

1. Formule esta pregunta a la clase: "¿Por qué Tozer cambia de tema en este punto y comienza a hablar de que Dios se complace consigo mismo y con las obras de sus manos?".

2. Lean Filipenses 2:5–8. Compare este versículo con lo que Tozer dice acerca de la actitud de Cristo hacia la encarnación (pág. 9).

Dios se complace en su obra

Discutan las siguientes dos afirmaciones de Tozer:

1. "Hay entusiasmo en la Deidad, y hay entusiasmo en la creación" (pág. 9).

2. "Deberíamos dejar de pensar como científicos y pensar como salmistas" (pág. 11).

Cantar con júbilo

1. Haga que la clase forme una lista de los actos significativos de Dios que según Tozer comprenden cánticos. Pregunte si alguno puede pensar en otros principales acontecimientos bíblicos que incluyan cantos y regocijo.

2. Discutan la importancia de cantar que está presente en todos esos acontecimientos.

Cierre

1. Lean el párrafo sobre "la luna y la tierra" (pág. 14). Pregunte a los estudiantes qué han aprendido de este estudio de la infinitud de Dios.

2. Asigne la tarea de leer el capítulo 2 del libro.

3. Cierre con oración.

Capítulo 2:
La inmensidad de Dios

Estudio personal

Material complementario: Juliana de Norwich, *Revelations of Divine Love* [Revelaciones del amor divino] (New York: Penguin Classics, 1999).

Este particular capítulo se singulariza en que, junto con selectos pasajes de la Escritura, Tozer abre el mensaje con una oración. Y a que esa oración es esta: "¡Padre, somos indignos de tener estos pensamientos y nuestros amigos no merecen escucharlos. Pero trataremos de escuchar y hablar dignamente... ¡Muéstrate a nosotros, oh Dios!" (pág. 18). Es una oración que sería apropiada para preceder cualquiera de estos capítulos sobre los atributos de Dios.

Tozer también realiza un trabajo preparatorio para capítulos posteriores con una discusión sobre dos clases de fe: nominal y real.

La fe nominal es fe que acepta lo que se ha dicho y puede citar texto tras texto para probarlo.... Pero hay otra clase de fe: es la fe que depende del carácter de Dios.... El hombre que tiene fe real en vez de fe nominal ha encontrado una respuesta correcta a la pregunta: "¿Cómo es Dios?" No existe una pregunta más importante que esa.

El hombre de fe verdadera ha encontrado una respuesta a esa pregunta por revelación e iluminación.

La dificultad con la Iglesia de hoy—incluso la Iglesia que cree en la Biblia—es que nos hemos detenido en la revelación. Pero la revelación no es suficiente (págs. 18–19).

Iluminación

Lo que Tozer quiere decir con esto es que la revelación (la Palabra escrita de Dios) debe ser suplementada por la iluminación de la Palabra por el Espíritu Santo. "La revelación dada es un medio para un fin, y Dios es ese fin, no el texto en sí mismo" (pág. 19). Él hace un señalamiento similar en un capítulo de *La raíz de los justos*, titulado "¿Enseña la Biblia o enseña el Espíritu?":

> Es totalmente posible ser instruido en los rudimentos de la fe y seguir sin tener un verdadero entendimiento de lo que se trata. Y es posible seguir adelante hasta llegar a ser experto en doctrina bíblica y no tener iluminación espiritual, con el resultado de que queda un velo sobre la mente, impidiendo aprehender la verdad en su esencia espiritual.

¿Qué tiene que ver todo esto con la inmensidad de Dios? Una vez más Tozer está enfatizando que el propósito de aprender los atributos de Dios no es meramente conocer *acerca de* Dios, sino conocer a Dios mismo. (¿Recuerda la oración del inicio? "¡Muéstrate a nosotros, oh Dios!". Y esto es de particular importancia cuando consideramos la inmensidad de Dios, como veremos.

El tamaño de las cosas

Tozer vuelve a referirse al libro *Revelations of Divine Love* (Revelaciones del amor divino) de *lady* Juliana de Norwich, en el que ella describe una visión que tuvo de "un objeto muy pequeño, del tamaño de una avellana" (pág. 20). Cuando preguntó qué podía ser eso, le fue revelado que "eso es todo lo que está hecho": toda la creación, el universo entero. Dios le estaba mostrando cómo se ve el universo desde su perspectiva.

Compare esto con lo que Tozer cita que Pascal dice de la perspectiva humana sobre el tamaño de las cosas: "Nosotros estamos a mitad de camino entre la inmensidad y lo que es infinitesimalmente pequeño" (pág. 20). Comparativamente hablando, los seres humanos son creaciones que están en el punto medio entre la vastedad del espacio y la pequeñez del átomo. "No hay manera de probar eso", admite Tozer, "pero es una situación aterradora estar en el punto medio de algo tan grande como el universo y también de algo tan pequeño" (pág. 21).

Es tentador comenzar a extraer conclusiones en este punto, pero Tozer tiene aun otra perspectiva de la relación de dios con el universo para que pensemos al respecto.

La inmanencia de Dios

El atributo de *inmanencia* (que trataremos con mayor detalle en el capítulo 8), es que Dios está en todas partes y en todas las cosas, penetrando y perneando todo el universo. Este atributo es diferente del de la omnipresencia de Dios (el cual, por otra parte, es tratado en el capítulo 7). *"No hay ningún lugar en el que Dios no esté"* (pág. 22), como Tozer señala.

La inmensidad de Dios

Y sin embargo, añade Tozer, Dios es tan inmenso que el universo no puede contenerlo. Aunque está en todas las cosas, Él no está confinado a ni es contenido por su creación. En cambio, Él la contiene a ella. Como ejercicio para ver cómo esta visión de Dios se basa en la Escritura, medite en Isaías 40. Note cómo se relacionan ciertos versículos con lo que Tozer ha dicho hasta ahora sobre la inmensidad de Dios. Es especialmente interesante comparar el versículo 15 con la visión de *lady* Juliana sobre la avellana.

Dios sostiene lo que ama

Cuando el universo es visto desde esta perspectiva usted puede preguntarse, junto con *lady* Juliana y Tozer, qué sostiene juntas a todas las cosas. La respuesta, por supuesto, es Dios. "Dios ama lo que Él hizo. Y como lo hizo, lo ama, y porque lo ama, lo cuida" (pág. 26). El cuadro que Tozer pinta para nosotros es un Dios Creador que amorosamente nutre y abriga todo lo que ha hecho, "sosteniendo todas las cosas por la palabra de su poder" (Hebreos 1:3).

¿Por qué no somos felices?

El conocimiento de que Dios nos guarda por su poder debería hacernos la gente más feliz del mundo, dice *lady* Juliana. ¿Por qué no lo somos? La respuesta a esta pregunta, y a todo el tema de este capítulo, es: *Nos hace más felices depender del mundo—esa pequeña avellana—que de Dios.*

Tratamos de encontrar placer en cosas que son demasiado pequeñas, que solamente nos pueden dejar insatisfechos.

Después, tras haber desbarajustado nuestras vidas con cosas, queremos añadir a Dios a la mezcla. Como dice Tozer, tratamos de tener a Dios con un signo más—Dios más esto, o Dios más aquello—, lo que no puede funcionar nunca:

> Usted fue hecho a la imagen de Dios, y nada menos que Dios puede satisfacerlo. Y aunque espere ser de esos cristianos que "meten la moneda en la ranura (es decir, con la certeza de obtener algo a cambio), obtienen la salvación, escapan del infierno y van al cielo" (esa pobre visión infantil del cielo), recuerde una cosa: con el paso de los años encontrará que no está satisfecho con "cosas más Dios". Usted necesitará tener a Dios menos todas las cosas (pág. 29).

Eso puede sonar como si Tozer nos estuviera diciendo que vivamos como un ermitaño en una cueva, y ciertamente, un mal entendimiento de esta verdad es probablemente la fuente de muchos de los extremismos de varias épocas de la historia de la Iglesia. Pero Tozer nos está diciendo que podemos tener cosas, y aun amar cosas como dones de Dios, mientras no hagamos que sean necesarias para nuestra felicidad.

¿De qué maneras depende usted de las cosas del mundo para su felicidad? ¿Podría sobrevivir su fe a la pérdida de todas las cosas?

El entusiasmo de Dios

Retornando a un tema del capítulo 1, Tozer nos recuerda que Dios es entusiasta respecto de su creación, especialmente *nosotros*, la única parte de su creación que está hecha a su propia imagen. Pero, como dice Tozer, a causa de que "no creemos que Dios se deleita, se deleita infinitamente con nosotros" (pág. 31), nos resulta difícil tener el mismo entusiasmo por Él.

Tal entusiasmo es la clave para el avivamiento, cuando sinceramente podemos orar con *lady* Juliana: "¡Oh Dios, dame de ti! Porque nada fuera de ti puede llenarme" (pág. 31). Esa oración merece ser orada cada día.

Hambre de Dios

En su manera medieval de expresarlo, *lady* Juliana dice que "jamás he querido algo [que fuera] menos que Dios", lo cual significa "no me sería suficiente" (pág. 32). Esta hambre de Dios—desconocida e inexpresada para la mayoría de la gente—es lo que Tozer ve como la causa raíz de la enfermedad mental, el asesinato, el suicidio y otras miserias humanas.

> Esta es la mayor calamidad para un alma humana: haber sido hecha a la imagen de Dios, con un espíritu tan grande que puede contener el universo, pero que clama por más. Imagine un alma más grande que los cielos y los cielos de los cielos, pero vacía de Dios. Imagine ir por la eternidad gritando: "Nunca me faltes, oh Dios", ¡por siempre!
>
> Me pregunto si las llamas del infierno no serán atizadas desde lo profundo en ese santuario [del corazón] donde, árida, deshecha y reseca, el alma del hombre clama: "¡Oh Dios, *nunca me faltes!* Lo he tenido todo: religión, posición, dinero, un cónyuge e hijos, ropas, un buen hogar; pero todo eso es una pequeña avellana: no es nada. ¡Oh, Dios, perdí lo que más quería!" (págs. 32–33).

Dios debe ser lo primero

Jesús dijo que de nada vale ganar el mundo entero si usted pierde su alma (Marcos 8:36). Tozer advierte que esto no significa que usted pueda meramente "añadir" a Dios a una vida llena de otros amores: Él debe ser lo primero, y en todo. Esta es la única manera de que su vida pueda verdaderamente estar "escondida con Cristo en Dios" (Colosenses 3:3). Luego Dios puede bendecirlo con cosas tales como dinero, educación, familia y amigos, pero solo con el entendimiento de que él puede quitarlos, que ellos nunca deben tratar de usurpar el trono de su corazón.

Como al inicio del mensaje, Tozer lo cierra con una oración. Es una que bien merece ser orada también por nosotros:

Ahora, Padre, ¿querrás bendecir a todo aquel que reciba este mensaje? ¿Nos concederás, te rogamos, que podamos olvidar las cosas que están atrás y avanzar hacia las que están delante? ¿Permitirás concedernos que podamos ver que todo lo que existe como apenas del tamaño de una avellana y a nosotros mismos en Dios como vastos, tan vastos que abarquemos los mundos pero estemos completamente vacíos sin ti? Llénanos, oh Dios, llénanos de ti, porque sin ti todo nos faltará. Llénanos de ti, en el nombre de Jesucristo. Amén. (pág. 36)

PLAN DE LECCIÓN—Estudio grupal

Propósito: Ayudar a mis estudiantes a entender cómo la inmensidad de Dios se refleja en el vacío de nuestros corazones que solamente Él puede llenar.

Introducción

1. Empiece con oración.

2. Haga que alguien lea los tres pasajes del comienzo del capítulo (Mateo 16:25–26; Colosenses 3:3; Filipenses 3:8). Discutan cuál es el tema común de esos pasajes. Pregunte si la oración inicial (págs. 17–18) da una pista sobre ese tema común.

3. Pida a la clase que identifique lo que Tozer quiere decir con *fe nominal* y *fe real*.

Iluminación

Tozer dice que la respuesta apropiada a la pregunta: "¿Cómo es Dios?" se encuentra mediante la iluminación de la Palabra de Dios por el Espíritu Santo. Pregunte a la clase cómo se relaciona esto con la inmensidad de Dios (vea el estudio personal [*Guía de estudio*, pág. 18]).

El tamaño de las cosas

Discutan la visión de *lady* Juliana donde todas las cosas creadas son "del tamaño de una avellana". Pregunte cómo esa visión cambia nuestra perspectiva.

La inmanencia de Dios

Haga que alguien lea el Salmo 139:8–10, y luego que alguien lea la definición de *inmanencia* dada en el estudio personal (*Guía de estudio*, págs. 19–20). Discútanlo.

La inmensidad de Dios

Haga que alguien lea Isaías 40, con especial énfasis en el versículo 14. Basándose en esta escritura, pregunte en qué difiere la inmensidad de Dios de la inmanencia de Dios.

Dios sostiene lo que ama

Discutan la explicación de Tozer de por qué las cosas no caen: Dios las hizo, Dios las ama, Dios las guarda. ¿Qué significado tiene eso para nuestras vidas?

¿Por qué no somos felices?

Formule al grupo estas preguntas: ¿Por qué andar buscando cosas nos deja insatisfechos? ¿Cuál es la solución?

El entusiasmo de Dios

Discutan por qué Tozer trae a colación el "entusiasmo de Dios", un tema del capítulo previo. ¿Cómo lo aplica a nuestra necesidad de buscarlo a Él?

Hambre de Dios

Pregunte si alguien del grupo ha experimentado el hambre de corazón por Dios que describe Tozer. Invítelos a compartir sus testimonios.

Dios debe ser lo primero

Discutan la diferencia entre tratar de "añadir a Dios" y tener su vida "escondida con Cristo en Dios".

Cierre

1. Lean juntos la oración que está al final del capítulo 2.

2. Asigne la tarea de leer el capítulo 3 para la próxima clase.

3. Cierre con oración.

Capítulo 3
La bondad de Dios

Estudio personal

Material complementario: Juliana de Norwich, *Revelations of Divine Love* [Revelaciones del amor divino] (New York: Penguin Classics, 1999). David J. Fant, Jr., *A. W. Tozer: A Twentieth-Century Prophet* [A. W. Tozer: un profeta del siglo veinte] (Camp Hill, PA: WingSpread Publishers, 1964; reprint, 2002).

A poco de iniciar este capítulo sobre la bondad de Dios, Tozer formula una afirmación realmente provocativa: "El cristianismo de cualquier época ha sido fuerte o débil dependiendo de su concepto de Dios" (pág. 38). Tozer continúa sugiriendo que el cristianismo de su época era débil por causa de una indigna concepción de Dios. Eso fue hace unos cincuenta años, pero ¿hay alguna evidencia de que nuestro concepto popular de Dios haya mejorado?

Tozer también se refiere despectivamente a la "religión del vaquero", por lo cual él muy probablemente se refiere a la tendencia de los cristianos a imitar las últimas novedades de Hollywood, que por ese tema incluían *westerns* y baladas *country* (vea, por ejemplo, el ensayo citado en la biografía de Tozer de David Fant, págs. 143–144). ¿Cuál piensa usted que es el equivalente moderno de la "religión del vaquero"?

La solución a un concepto de Dios poco profundo, dice Tozer, es: "engrandeced al Señor" (Salmo 34:3). La palabra *engrandecer*, en este sentido, significa ver la grandeza de Dios, cambiar nuestro concepto de Dios a uno cercano a la realidad, aunque debemos reconocer que el infinito Dios nunca podrá ser completamente comprendido por nuestras mentes finitas y caídas.

Todo esto es presentado para establecer el nivel para una visión más realista de la bondad de Dios.

Qué significa "bueno"

Probablemente Tozer comienza expresando preocupación por nuestro concepto de Dios porque la *bondad* es el primero de los atributos que discute que nosotros también podemos poseer, lo cual inmediatamente nos pone en peligro de ver a Dios en términos humanos. Es fácil comprender propiamente un atributo de Dios tal como la infinitud, que es poseído solamente por Él. Pero aquellos atributos tales como la bondad de Dios, que pueden ser parte de la personalidad humana redimida (llamados a veces los "atributos morales" por los teólogos), pueden ser malinterpretados. Podemos fácilmente deslizarnos hacia la consideración de la bondad humana, lo cual no puede empezar a describir la bondad de Dios.

Es por esto que Tozer explica cómo los diferentes atributos de Dios interactúan unos con otros. Por ejemplo, Dios es infinito. Por consiguiente, si Él es bueno, es *infinitamente* bueno. Si es inmutable (que nunca cambia), entonces es *inmutablemente* bueno. Así que mientras nosotros poseemos (al menos una persona redimida) la capacidad de ser buenos, no debemos confundir eso con la infinita, inmutable bondad de Dios.

Un verdadero entendimiento de la bondad de Dios refuta el deísmo, al que Tozer define como el concepto de Dios como "un ingeniero ausente que dirige su mundo por control remoto" (pág. 41). Pero la bondad de Dios es tal que Él no puede ser indiferente a su creación. ¿No es grandioso saber que Dios está participando activamente en el universo como una expresión de su bondad?

Nuestra razón de vivir

La respuesta para toda pregunta, sostiene Tozer, es "Dios en su bondad lo quiso" (pág. 43). Esa es la razón por la que fuimos creados, por la que Dios no destruyó a Adán y Eva cuando cayeron y por la cual Dios envió a su único Hijo a morir en la cruz por nuestros pecados. La palabra operativa aquí es *gracia*: el favor inmerecido de Dios, derramada sobre nosotros por la única razón de que Él es bueno.

Es también por eso que Dios contesta nuestras oraciones. Es probablemente un gran golpe a la teología de alguna gente oír a Tozer declarar: "Nadie jamás obtuvo nada de Dios sobre la base de sus méritos" (pág. 44). Lo interesante, sin embargo, es que nos pone a todos nosotros en el mismo plano. No hay grandes santos cuyas oraciones Dios responde por causa de sus méritos. Ellos no son más meritorios que cualquiera del resto de nosotros. Todos somos elegibles por la gracia de Dios. ¿Por qué? ¡Porque Él es bueno!

Tozer suena de una manera similar en su libro *Christ the Eternal Son* (Cristo el Hijo eterno):

Recordemos esto: Todo lo que Dios hace es por gracia, porque no hay hombre, no hay criatura, no hay ser que merezca nada. La salvación es por gracia, la creación es por gracia: todo lo que Dios hace es por gracia y cada ser humano ha recibido de su plenitud.

Esta gracia ilimitada debe operar donde sea que lo que no es Dios apele a lo que es Dios; donde sea que la voz de la criatura cruce el vasto golfo hasta los oídos del Creador…

Todo lo que usted tiene ha salido de su gracia. Jesucristo, la eterna Palabra, que se hizo carne y habitó entre nosotros, es el canal abierto a través del cual Dios se mueve para proveer todos los beneficios que Él da a santos y pecadores.

¿Y qué pasa con los años, el resto de su existencia?

Usted no puede creer que los merezca,

Usted no puede creer que eso tenga algo que ver con que usted sea bueno o malo.

Confiese que eso viene de su gracia, porque el universo entero es el beneficiario de la gracia y la bondad de Dios.

Bondad y severidad

¿Qué decir de quienes rechazan la bondad de Dios? Podemos hacerlo porque tenemos libre albedrío o, como Tozer lo llama, "soberanía provisional" (pág. 45). Tenemos en nuestras vidas una pequeña medida de autoridad (pequeña en comparación con la absoluta autoridad de Dios), para elegir ya sea servir a Dios o a nosotros mismos, ir sea al cielo o al infierno.

Aun aquí, sin embargo, Dios en su bondad ha provisto para nosotros. Tozer vuelve a citar a *lady* Juliana: "Dios, en su bondad, ha ordenado medios para ayudarnos, completos, justos y muchos; el mayor fue que tomó sobre sí la naturaleza del hombre" (pág. 46). La capacidad de Dios para simpatizar y empalizar con nosotros se encuentra en Hebreos 2:17–18 y 4:15–16. Su provisión para nuestra redención (en las palabras de Juliana), actúa "convirtiendo toda nuestra culpa en adoración eterna".

Podemos acercarnos confiadamente a Él

La bondad de Dios significa que podemos ser audaces—casi arrogantes, dice Tozer—en nuestras oraciones a Dios. Y vuelve a enfatizar que nuestros méritos no tienen valor alguno ante Dios. "No soy un hombre bueno…No puedo ir a Dios y decirle: 'Dios, no hice lo que hizo esa persona'. He hecho—en realidad o con el pensamiento—todo lo que puede ser hecho" (pág. 48). Y él ama a Dios más que todos, porque "al que mucho se le perdona, mucho ama" (vea Lucas 7:47).

La bondad de Dios

Tozer nos recuerda que "Jesús es Dios. Y Jesús es el hombre más bondadoso que haya vivido en esta tierra" (pág. 49). Es por esto que no podemos ver la bondad humana y esperar captar una idea de cómo es la bondad de Dios. Todos los ejemplos humanos palidecen en comparación. Como el padre que acepta en casa a su hijo descarriado en la parábola del hijo pródigo, a Dios no le repugnan nuestras miserias. Él nos ve perfectos aunque no lo somos, por causa de su bondad.

Dios quiere complacernos

Jesús vino a poner fin a todas las lágrimas humanas. Quiere que nos complazcamos en él. El consejo de Tozer—que repite una segunda vez para enfatizarlo—es: "Hagamos a un lado todas nuestras dudas y confiemos en Él" (pág. 52).

Es gracioso que nuestras dudas acerca de la bondad de Dios parezcan centrarse en nosotros mismos: "¿Cómo Dios puede ser bueno conmigo, siendo tan malo como soy? Alguno podría decirnos que sufrimos de baja autoestima ¡y que necesitamos estimularnos a nosotros mismos hasta que pensemos que somos *merecedores* de su bondad! Pero en vez de magnificarnos a nosotros mismos—tratando de creer la mentira de que somos más grandes de lo que realmente somos—deberíamos magnificar a Dios. Debemos esforzarnos para verlo a Él tan grande como es, tan bueno como es—tan bueno que nos ama a pesar de nuestras miserias. Piense en todo el esfuerzo que Dios ha hecho—y continúa haciendo—para sacarnos de nuestras miserias y prepararnos para estar con Él en el cielo. Es por esto que Tozer cierra este capítulo con un pensamiento realmente sorprendente, una verdad resonante: "¿Alguna vez se detuvo a pensar que Dios va a estar tan contento de que usted esté en el cielo como lo estará usted de estar allí?" (pág. 53). ¡Alabado sea Dios por su bondad!

PLAN DE LECCIÓN—*Estudio grupal*

Propósito: Ayudar a mis estudiantes a entender la inmensidad de la bondad de Dios para con nosotros, especialmente en su don de la salvación.

Introducción

1. Empiece con oración.

2. Haga que el grupo discuta esta afirmación de Tozer: "El cristianismo de cualquier época ha sido fuerte o débil dependiendo de su concepto de Dios" (pág. 38).

3. Pregunte al grupo lo que Tozer quiso decir con "religión del vaquero". ¿Hay un equivalente moderno de eso?

Lo que significa "bueno"

Haga que alguien lea los siete pasajes de la Escritura que están al comienzo del capítulo (Salmo 119:68; Isaías 63:7; Salmo 139:17; Deuteronomio 30:9; Salmo 36:7; Salmo 34:8; Mateo 7:11). Pregunte: "¿Cómo difiere la bondad de Dios de la nuestra?".

Nuestra razón de vivir

Haga que la clase enumere algunas de las cosas que nosotros—como creyentes, pero también como seres creados por Dios—tenemos por causa de la bondad y la gracia de Dios. Guarde esta lista para el final, cuando dediquen tiempo como grupo a dar gracias a Dios por su bondad.

Bondad y severidad

Haga que alguien lea Hebreos 2:17–18 y 4:15–16. Discutan qué bendiciones hemos recibido como resultado de que el Hijo de Dios tomara la naturaleza humana.

Podemos acercarnos confiadamente a Él

Discutan lo que Tozer quiere decir por ser audaces en nuestras oraciones a Dios. ¿Cómo se relaciona esto con su posterior confesión de su pecaminosidad?

La bondad de Dios

Lean en el libro el primer párrafo que sigue a este encabezado (págs. 49–51). Pregunte: "¿Cómo podría afectar nuestra manera de vivir el conocimiento de la bondad de Dios?".

Dios quiere complacernos

Discutan la repetida afirmación que Tozer: "Hagamos a un lado todas nuestras dudas y confiemos en Él" (pág. 52). ¿Qué nos está pidiendo Tozer para que confiemos en Dios?

Cierre

1. Lean los dos últimos párrafos del capítulo (pág. 53). Dediquen algún tiempo como grupo a alabar a Dios por su bondad.

2. Asigne la tarea de leer el capítulo 4 para la clase de la semana próxima.

3. Cierre con oración.

Capítulo 4:
La justicia de Dios

Estudio personal

Material complementario: Anselmo, *Anselm of Canterbury: The Major Works* (Oxford: Oxford Univ. Press, 1998).

Buscando definir la justicia, Tozer declara que "la justicia es indistinguible del juicio en el Antiguo Testamento" (pág. 56). Consulté una concordancia y veo que él está totalmente en lo correcto: la *misma* palabra hebrea es traducida "justicia" en algunos versículos y "juicio" en otros.

Tozer también dice correctamente que la palabra hebrea para justicia/juicio tiene implícito un significado de "rectitud" o "equidad". Y señala que, por contraste, la palabra *iniquidad* significa "torcido". Es por esto que Ezequiel 18:25 dice: "Oíd ahora, casa de Israel: ¿No es recto mi camino? ¿no son vuestros caminos torcidos?". Hay aquí mucho más que Tozer apenas roza; la idea de un Dios "moralmente recto" sería un sermón en sí misma.

Cuando Tozer nos dice que Dios no solamente es justo, que Él es justicia, eso es más que mera semántica (¡o pobre gramática!). Dios es realmente justo de una manera diferente a como nosotros lo somos. Nosotros somos justos si seguimos más o menos los estándares de justicia exteriores a nosotros mismos: un estándar bíblico y piadoso, es de esperar. Pero Dios no sigue un estándar: Él *es* el estándar. Cuando Tozer dice que Dios es justicia, dice que Dios inventó la idea. Así cuando alguien dice que la justicia *requiere* que Dios haga algo, es una afirmación sin sentido, ¡similar a decir que mi hijo me *requiere* ser su padre!

Tozer define el juicio como "la aplicación de la justicia a una situación moral" (pág. 57). Dios, siendo moralmente recto, nunca es desproporcionado o injusto en sus juicios. Todas las cosas tendrán igual valor al fin, y todos tendrán lo que merecen. Pero ¿no es de eso de lo que debemos tener miedo? Si el cielo fuera solo para quienes lo merecen ¿cómo podríamos muchos de nosotros merecerlo?

Es por esto que Tozer nos presenta la cuestión que Anselmo formula en su *Proslogium*: "¿Cómo perdonas al malvado si tú eres justo?" (pág. 59). Tozer dice que ya no nos preocupemos más por esta cuestión, porque hemos "abaratado la salvación" al convertirla en una fría transacción legal. Me parece que otra razón para que no nos hagamos hoy la pregunta de Anselmo es porque no pensamos de nosotros mismos—o de casi nadie, de ninguna otra persona, en realidad—como verdaderamente "malvados", así que la cuestión de cómo Dios perdona al malvado es un punto discutible. (Tal actitud es en sí misma bastante malvada, ¿no le parece?)

De todas formas, Tozer correctamente declara que esta cuestión es digna de consideración, y presenta tres respuestas a ella.

1. La unidad de Dios

Una respuesta a la pregunta de Anselmo está envuelta en la propia naturaleza de Dios: específicamente, su unidad.

Dios no está hecho de partes, como nosotros lo estamos. "Oye, Israel: Jehová nuestro Dios, Jehová uno es" (Deuteronomio 6:4). Por esta causa, sus diversos atributos "nunca discrepan unos de otros" (págs. 60–61), como dice Tozer. Dios nunca tiene una personalidad dividida.

Dios es justo pero perdona la malvado por causa de la unidad de su naturaleza. En otras palabras, su justicia y su misericordia no están en guerra una con la otra; ambas son expresiones de su única naturaleza. Dios es todo misericordia pero *al mismo tiempo* es todo justicia. Mientras que los humanos deben armonizar esas actitudes en su interior, Dios no debe armonizarlas ante todo porque no están en conflicto una con la otra.

Así que la pregunta a cómo puede Dios ser justo y perdonar al malvado está envuelta en la unidad de Dios: su justicia y misericordia son una.

2. La pasión de Cristo

Una segunda respuesta que da Tozer a la cuestión de Anselmo es una que todos conocemos y entendemos, o al menos pensamos que lo hacemos. La pasión de Cristo (un sufrimiento terriblemente profundo) en la cruz canceló la deuda del pecado. Tozer enlaza la unidad de Dios a la pasión de Cristo en la cruz y puntualiza que la expiación por el pecado mediante la sangre de Cristo es un acto "infinito, todopoderoso y perfecto" (pág. 63). "Usted nunca podrá exagerar el poder de la cruz" (pág. 64), declara.

Tozer también apela a la unidad de Dios para disipar un malentendido acerca de la muerte de Cristo: "Jesucristo no murió para cambiar a Dios; Jesucristo murió para cambiar una situación moral" (pág. 65). La cruz *no* cambió lo que Dios pensaba de nosotros, cambió nuestra situación moral. Estábamos perdidos en nuestro pecado; Dios en su justicia nos sentenció a muerte: una decisión que no discrepa con su misericordia, bondad o compasión. Pero cuando el pecador reniega de su pecado y va hacia Dios, aceptando la muerte de Cristo en la cruz como pago por su pecado, Dios en su misericordia le da al pecador vida eterna: una decisión que no discrepa con su justicia.

A Tozer le preocupa mucho que podamos deshacernos de cualquier idea de que la misericordia y la justicia "luchan" una con la otra, porque eso implicaría que Dios estuviera en conflicto consigo mismo: algo imposible ya que Dios es unidad. "La idea de que la cruz limpió el ceño fruncido de la cara de Dios y que Él a regañadientes comenzó a sonreír es un concepto pagano y no cristiano" (pág. 67).

Es por eso que Tozer puede decir con seguridad que: "La justicia está del lado del pecador arrepentido" (pág. 67). Quienes se arrepienten y vuelven a Dios pueden hacerlo confiados en su misericordia y gracia, porque la justificación por fe es *siempre* el modo en que Dios trata con el hombre. Aun en el Antiguo Testamento, David proclamó el perdón para todos los que se arrepienten y confiesan:

> Bienaventurado aquel cuya transgresión ha sido perdonada y cubierto su pecado. Bienaventurado el hombre a quien Jehová no culpa de iniquidad y en cuyo espíritu no hay engaño. Mientras callé, se envejecieron mis

huesos en mi gemir todo el día, porque de día y de noche se agravó sobre mí tu mano; se volvió mi verdor en sequedades de verano. Selah. Mi pecado te declaré y no encubrí mi iniquidad. Dije: "Confesaré mis rebeliones a Jehová", y tú perdonaste la maldad de mi pecado (Salmo 32:1-5).

3. *La inmutabilidad de Dios*

La pregunta de Anselmo también puede ser contestada apelando a la naturaleza inmutable de Dios. Él es y siempre ha sido justo y amoroso y bueno. Tozer señala cómo los atributos de Dios, lejos de "pelear" uno con otro, se complementan perfectamente entre sí. Su atributo de bondad implica su atributo de justicia, porque si no fuera justo no sería posible que fuera bueno.

Tozer destaca una interesante ironía acerca de la justicia de Dios: Aunque castigar a los malvados es justo, porque se lo merecen, perdonar y justificar a los malvados también es justo, "porque es congruente con la naturaleza de Dios" (pág. 68): los atributos divinos de compasión y misericordia. El malvado, el pecador impenitente, es justamente condenado al infierno, pero al pecador arrepentido, creyente, le es justamente dado el don de la vida. Y todo esto es porque "siempre Dios actúa como Dios" (pág. 68). Siempre es consecuente.

Como resultado, nos asegura Tozer, los que hemos creído en su Hijo seremos introducidos en el cielo, para disfrutar "el reino preparado para [nosotros] desde la fundación del mundo" (Mateo 25:34). No deberemos entrar a hurtadillas por el sótano ni estaremos allí por accidente. Deberíamos regocijarnos por esto cada día y unirnos a Tozer para exclamar asombrados: "¡Oh, la maravilla y el misterio y la gloria del ser de Dios!" (pág. 69).

PLAN DE LECCIÓN—*Estudio grupal*

Propósito: Ayudar a mis estudiantes a entender la justicia de Dios, y especialmente a ver que no hay conflicto con su misericordia y el perdón a los pecadores arrepentidos.

Introducción

1. Empiece con oración.

2. Haga que alguien lea los siete pasajes de la Escritura que están al comienzo del capítulo (Génesis 18:25; Deuteronomio 10:17; Salmo 19:9; Salmos 92:15; 97:2; Isaías 28:17; Apocalipsis 16:5-7).

3. Formule a la clase estas dos preguntas:

- ¿Cuál es la definición común de justicia, según la mayoría de la gente?

- ¿Cuál es la definición de Tozer de la justicia de Dios, y si es diferente de la definición común?

4. Lean la siguiente pregunta expresada por Anselmo: "¿Cómo puede Dios ser justo y seguir perdonando al malvado?"
   Antes de desarrollar los tres criterios de la respuesta de Tozer para esta pregunta, haga que la clase discuta si los creyentes hacen frecuentemente este tipo de preguntas, y por qué sí o por qué no.

1. La unidad de Dios

Discutan el concepto de que "el hombre está hecho de partes", pero "Dios es unitario" (págs. 60–61). ¿En qué nos diferencia esto de Dios? ¿Cómo afecta esto nuestra capacidad para entender la justicia de Dios? Formule otra vez la pregunta de Anselmo. ¿Cómo responde a esta cuestión el concepto de unidad de Dios?

2. La pasión de Cristo

Pregunte: "¿Qué quiere expresar Tozer cuando dice: 'Jesucristo murió para cambiar una situación moral'?" (pág. 65). Formule nuevamente la pregunta de Anselmo. ¿Cómo responde esta pregunta el concepto de la pasión de Cristo?

3. La inmutabilidad de Dios

Discutan lo que significa decir que los actos de Dios en un sentido son congruentes con su naturaleza. Formule nuevamente la pregunta de Anselmo. ¿Cómo responde a esta pregunta el concepto de la naturaleza inmutable de Dios?

Cierre

1. Lean los dos últimos párrafos del capítulo (pág. 69). Dediquen un momento a agradecer a Dios, como clase, porque *en su justicia* Él nos salvó de nuestros pecados.

2. Asigne la tarea de leer el capítulo 5 para la próxima clase.

3. Cierre con oración.

Capítulo 5:
La misericordia de Dios

Estudio personal

Material complementario: A. W. Tozer, *Faith Beyond Reason* (Camp Hill, PA: WingSpread Publishers, 1989) [Hay versión castellana: *Fe más allá de la razón*, Ed. Portavoz, 2008]; C. S. Lewis, *Mere Christianity* (New York: Simon and Schuster, 1996). [Hay versiones en castellano: *Cristianismo ¡y nada más!*, Ed. Caribe, 1977; *Mero cristianismo*, Ed. Rialp, Madrid, 2005; Ed. Rayo, E.U.A., 2006.]

Los capítulos 5 y 6 tratan de la misericordia y la gracia: dos de los atributos de Dios que están tan estrechamente entrelazados que se requiere un teólogo para distinguirlos. Por eso este estudio de los atributos de Dios está hecho para nosotros, si definimos un *teólogo* como alguien que está tratando de conocer y entender mejor a Dios. (Demasiada gente considera que *teólogo* es otra palabra para decir *fariseo*, pero nada podría estar más lejos de la verdad. ¡Si los fariseos hubieran sido buenos teólogos, hubieran seguido a Cristo!)

Parece lógico, sin embargo, que al comienzo del capítulo Tozer haya dado una definición de misericordia: "inclinarse bondadosamente hacia alguien inferior, sentir piedad por alguien y ser activamente compasivo" (pág. 75). Pero primero, se esfuerza en establecer una base bíblica para construirla. Los cuatro pasajes que cita al comienzo (Salmo 103:8–17; 2 Corintios 1:3; Santiago 5:11 y 2 Pedro 3:9) están cuidadosamente elegidos. Dedique un momento a releerlos ahora. Observe que tienen cuatro diferentes autores—David, Pablo, Santiago y Pedro—, pero todos tienen el mismo tema: que Dios es misericordioso *para con nosotros*, no nos trata de acuerdo con nuestros pecados. Es interesante que el pasaje de Pedro no use la palabra *misericordia*, pero se trata de eso, ¿verdad? ¡Está empapado de la misericordia de Dios!

Los siguientes dos pasajes que cita (Éxodo 31:4–7; 2 Crónicas 5:13–14) muestran que la misericordia de Dios es eterna e infinita (lo cual no nos sorprende; si algo hemos aprendido de las lecciones pasadas es que todos los atributos de Dios reflejan su naturaleza unificada). Ambos pasajes son del Antiguo Testamento, porque Tozer también quiere dejar sentado que Dios *siempre* ha sido compasivo y misericordioso, no solamente desde que Jesús vino.

La idea de que "el Antiguo Testamento es un libro de severidad y ley, y que el Nuevo Testamento es un libro de ternura y gracia" (pág. 73) es una herejía que se remonta a la Iglesia Primitiva. Marción, cuyas enseñanzas erróneas llegaron a ser una amenaza de proporciones para el cristianismo del siglo dos, llevó esta noción a su conclusión lógica y dijo que el Dios del Antiguo Testamento ¡era un Dios *diferente* al Dios del Nuevo Testamento!

Tozer está sumamente interesado en que no caigamos en este error de enfrentar una parte de la Biblia con la otra, y por eso destaca que la palabra *misericordia* es usada en el Antiguo Testamento cuatro veces más que en el Nuevo. Eso es cierto, de hecho, Tozer subestima el caso. Cuando se toman en cuenta las palabras *misericordia* y *misericordioso*, la proporción es todavía más alta en el Antiguo Testamento.

La misericordia de Dios es una consecuencia de su bondad, su "urgencia...de otorgar bienaventuranza" (pág. 74). Invocando a Isaías 63:7–9 y Ezequiel 33:11, Tozer muestra que Dios se complace en bendecir, no en maldecir. Aunque en su justicia Él debe considerar necesario castigar, no disfruta hacerlo. Eso me recuerda una historia que C. S. Lewis cuenta en *Mero cristianismo*, sobre un escolar al que se le preguntaba cómo era Dios. ¡Él decía que Dios era la clase de persona que siempre estaba tratando de impedir que la gente disfrutara! Podemos reírnos de eso, pero ¿no caemos a veces nosotros mismos en esa clase de pensamiento? Debemos ver a Dios como un "Dios misericordioso y clemente, lento para la ira, y grande en misericordia y verdad" (Salmo 86:15).

La misericordia de Dios, dice Tozer, es "activamente compasiva" (pág. 75), un concepto que parece haberse perdido en el mundo de hoy. En Éxodo 2:23–25, la compasión de Dios lo mueve a ayudar a los israelitas. En Marcos 6:34, la compasión de Jesús por las multitudes lo mueve a alimentarlas (6:37 y ss.). Aunque mucha gente siente compasión "por un minuto y medio" (pág. 76), como expresa Tozer, eso no la mueve a la acción. Pero la compasión y misericordia de Dios lo llevan a la acción: en última instancia, a morir en una cruz por el mundo entero.

La misericordia de Dios siempre fue y siempre será. No comenzó cuando Jesús murió; Jesús murió por causa del deseo de Dios de mostrar misericordia. Como es ilimitada e inmensurable, no hay nada que podamos hacer nosotros ni nadie para aumentar o disminuir la misericordia de Dios. "Ningún atributo de Dios es mayor que otro" (pág. 78). Pero Tozer hace un importante señalamiento: la misericordia de Dios puede parecer "más grande" que otros atributos, porque *nosotros la necesitamos tanto*. "Nuestra necesidad determina cuáles atributos de Dios celebraremos en ese momento" (pág. 80).

La operación de la misericordia de Dios

Luego Tozer sugiere otra definición de la misericordia de Dios, que enfatiza cómo opera en nuestras vidas: "La misericordia es la bondad de Dios frente a la culpa y el sufrimiento humano" (pág. 80). Cuando la justicia de Dios confronta nuestro pecado, el resultado es juicio. De la misma manera, cuando la bondad de Dios confronta nuestra culpa y sufrimiento, el resultado es misericordia. Todos recibimos misericordia de Dios, sin importar quienes seamos, porque de otra manera hubiéramos perecido hace tiempo (Lamentaciones 3:22). Dios podría destruir al mundo entero pero, a causa de su misericordia, retiene el juicio para dar al inconverso una oportunidad de arrepentirse y venir a Cristo en fe (Romanos 2:4, 2 Pedro 3:9).

La misericordia retiene el juicio, pero no lo cancela. Esto solo puede hacerse mediante la expiación, nos recuerda Tozer. La misericordia trajo a Cristo a la cruz, pero el verdadero cómo y por qué de la muerte de Cristo en la cruz siguen siendo un misterio; Tozer dice que no lo entiende.

En una clase de teología sería probable que usted oyera varias "teorías de la expiación" para explicar el misterio. No creo que Tozer se hubiera opuesto a tales teorías, siempre y cuando reconociéramos que hasta la más exhaustiva explicación teológica es un tosco intento de discutir algo que está más allá de nuestra comprensión. Me gusta cómo explica Tozer lo que sucedió en la cruz:

> La justificación significa que la misericordia y la justicia han colaborado a fin de que cuando Dios se da vuelta y ve la iniquidad, y después ve al hombre de iniquidad corriendo hacia la cruz, Él ya no ve más la iniquidad sino la justificación. Y así somos justificados por fe (págs. 82–83).

El sufrimiento de Dios

Otra cosa que excede nuestra comprensión es el aspecto de la misericordia en el cual Dios participa en nuestro sufrimiento: "En toda angustia de ellos él fue angustiado" (Isaías 63:9). Pero si la aflicción y el sufrimiento significan que uno tiene falta de algo o un desorden, ¿cómo puede *Dios* sufrir? Tozer dice que esto es algo que debemos tomar por fe. Debemos aprender a aceptar que nuestras pequeñas mentes no pueden comprender siempre, y unirnos a Ezequiel diciendo: "Señor Jehová, tú lo sabes" (Ezequiel 37:3).

Un problema de los creyentes de hoy, dice Tozer, es que pensamos que lo sabemos todo. "Tenemos demasiada verbosidad; tenemos demasiadas respuestas" (pág. 83). La verdadera sabiduría espiritual, sin embargo, es aprender a aceptar que no podemos comprender completamente. Aunque no podemos comprender cómo funciona, lo podemos seguir apreciando, así como podemos usar nuestros ojos y oídos a pesar de que en realidad no podemos comprender cómo funcionan.

Tozer añade que algunos escritores de himnos han hablado insensatamente de esperar que algún día conozcamos por qué Dios nos ama, lo que no pueden saber. Todo lo que ellos pueden saber es que "Dios es amor" (1 Juan 4:16). ¿Por qué Dios tiene misericordia de usted? Porque Dios *es* misericordia. ¡No pregunte por qué! Simplemente debemos tomar por fe el hecho de la divina empatía y creer que Él "ablandará su cama en la enfermedad" (Salmo 41:3, RV95). Cuando sufrimos, Dios sufre junto con nosotros.

La cercanía de la misericordia de Dios

Después de citar el Salmo 103:13, que dice que la misericordia de Dios se nos muestra "Como el padre se compadece de los hijos", Tozer cuenta la historia de un refugiado de la Primera Guerra Mundial que se suicidó para que su hijita pudiera ser cuidada en un orfanato. "Eso", dice, "es misericordia".

La comparación obvia es Jesús yendo a morir en la cruz por nosotros. En *Fe más allá de la razón*, Tozer habla así de eso:

> ¿Qué hace diferente, inusual, a la muerte de Jesús? Que fue la muerte del justo por el injusto. Fue su muerte sacrificial. Su muerte vicaria. Él pagó una deuda que no había contraído en beneficio de otros demasiado profundamente endeudados para poder pagarla.

Jesús *no tenía* que morir en esa cruz: ¡Él *eligió* hacerlo! Como un padre se compadece de sus hijos, Jesús nos amó y se apiadó de nosotros lo bastante como para morir en nuestro lugar.

Nuestra respuesta a la misericordia de Dios

Tozer nos anima a mostrar misericordia porque hemos recibido misericordia. Piense por un momento en maneras en que podemos mostrar misericordia a otros. Si no viene nada a su mente, piense cómo Dios nos muestra misericordia cada día.

Esa es una manera en que podemos responder a la misericordia de Dios. Otra es hablarle a Dios de nuestros problemas. Tozer nos recuerda que el Señor entiende, con unas pocas líneas de un himno no identificado, "escrito respecto del libro de Hebreos" (pág. 87):

Nuestro Compañero en el sufrimiento conserva
Familiaridad con nuestros pesares,

. . . .

Confiadamente, pues, al trono
Traigamos todos nuestros pesares (págs. 87–88)

¡Qué invitación nos hace Tozer como conclusión de este capítulo! "Sumerjámonos en la misericordia de Dios y conozcámosla" (pág. 90). ¿Por qué? ¡Porque la vamos a necesitar!

PLAN DE LECCIÓN—Estudio grupal

Propósito: Ayudar a mis estudiantes a entender la misericordia de Dios, y aprender a confiar en su misericordia en tiempos de necesidad.

Introducción

1. Comience con oración.

2. Haga que alguien lea los pasajes de la Escritura que están al comienzo del capítulo (Salmo 103:8–17;

2 Corintios 1:3; Santiago 5:11; y 2 Pedro 3:9). Pregunte al grupo qué idea está siendo expresada respecto a la misericordia de Dios (ella es para *nosotros*).

3. Lean los dos pasajes siguientes (Éxodo 34:4–7; 2 Crónicas 5:13–14). Pregunte cuál es el principal concepto que se está formulando respecto a la misericordia de Dios (ella es eterna e infinita).

4. Lean la definición de Tozer de misericordia que se encuentra al pie de la página 75. Discutan si esta definición es adecuada o no. ¿Qué significa ser "activamente compasivo"? ¿Cómo podemos llevar esto a nuestras propias vidas? Pida que den ejemplos de la vida real.

5. Pregunte si se han encontrado a sí mismos teniendo una idea sombría del Antiguo Testamento por causa de su "severidad" o habiendo adoptado inconscientemente la idea escolar de Dios como un "aguafiestas". (Si usted como maestro puede confesar haber tenido cualquiera de esas actitudes, ayudará a que los otros también lo admitan.) Pregunte si este capítulo sobre la misericordia de Dios los ha ayudado a combatir esas falsas ideas.

La operación de la misericordia de Dios

Lea en voz alta la definición operativa de la misericordia que da Tozer en la página 80: "La misericordia es la bondad de Dios confrontando la culpabilidad y el sufrimiento humano". Haga que la clase discuta esto como pueda hacerlo en sus propias palabras. Luego, en la misma página, Tozer afirma: "Todos los hombres son destinatarios de la misericordia de Dios". ¿Como aplicar a eso esta definición?

El sufrimiento de Dios

Tozer dice que no puede entender cómo Dios puede sufrir y seguir siendo el infinito, perfecto ser que es. Pregunte al grupo si también tiene problemas en entender esto, y si la decisión de Tozer de creer sin entender es una conclusión satisfactoria.

La cercanía de la misericordia de Dios

Haga que alguien lea el Salmo 103:13. Discutan la historia el refugiado de la Primera Guerra Mundial y su hija. ¿Cómo nos ayuda esta historia a entender la naturaleza de Dios?

Nuestra respuesta a la misericordia de Dios

Discuta con la clase maneras prácticas en que podemos mostrar misericordia a otros, tanto como podemos "sumergirnos en" la misericordia de Dios.

Cierre

1. Tomen un tiempo para guardar silencio como grupo y hablarle a Dios de sus problemas, y pedirle que les muestre cómo apropiarse de su misericordia.

2. Asigne la tarea de leer el capítulo 6 para la clase de la semana próxima.

3. Cierre con oración.

Capítulo 6:
La gracia de Dios

Estudio personal

Material complementario: A. W. Tozer, *The Root of the Righteous* [La raíz de los justos. Ed Clie, Barcelona, 1994] (Camp Hill, PA: WingSpread Publishers, 1955, 1986); A. W. Tozer, *Whatever Happened to Worship?* (Cap DaHill, PA; WingSpread Publishers, 1985). [Hay versión castellana: *¿Qué pasó con la adoración?* Ed. CLC Colombia, 2010. Edición de bolsillo.]

No se sorprenda si tiene una sensación de "dejà vu" cuando estudie este capítulo. La gracia es un atributo muy similar a la misericordia, pero no es lo mismo. Relea los ocho pasajes de la Escritura que están al comienzo del capítulo. Luego, lea los pasajes que están al comienzo del capítulo previo. ¿Comienza a ver la diferencia entre misericordia y gracia? Si no, siga leyendo. Comenzará a hacérsele más claro a medida que continúe el estudio.

La gracia fluye de la bondad de Dios

Como la misericordia, la gracia fluye de la bondad de Dios. Tozer hace la distinción de esta manera: "La misericordia es la bondad de Dios confrontando la culpabilidad humana, mientras que la gracia es la bondad de Dios confrontando el demérito humano" (pág. 92). Esta es una definición desde la perspectiva de Dios. Un predicador me habló una vez de una buena manera de distinguir a las dos desde el punto de vista humano: la misericordia es cuando Dios no nos da lo que merecemos (castigo); la gracia es cuando Dios nos da lo que no merecemos (bendición). La justicia de Dios declara culpable al pecador, pero la misericordia retiene el juicio que merecemos. La justicia de Dios nos declara indignos del más mínimo de sus favores, pero la gracia "es eso de Dios que otorga favor a uno que es justamente desaprobado" (pág. 93).

Si bien Tozer dice "otorga favor a uno que es justamente desaprobado", la Biblia inglesa KJV usa intercambiablemente "gracia" y "favor". Por ejemplo, en Lucas 1:20, el ángel anuncia a María que ella ha hallado "favor" con Dios, mientras que en Efesios 2:8 se nos dice que somos salvos por "gracia", ¡pero se trata de la misma palabra griega!

Tozer señala que el Nuevo Testamento usa la palabra *gracia* tres veces más frecuentemente que el Antiguo Testamento, pero como ha dicho en el capítulo anterior sobre la misericordia, enfatiza que la gracia es el modo en que Dios ha operado siempre. Esto ciertamente tiene sentido, si la gracia es un atributo de Dios; como Dios no cambia, debe haber operado siempre en la gracia, y siempre lo hará.

Alguna gente piensa que Juan 1:17 ("la ley por medio de Moisés fue dada, pero la gracia y la verdad vinieron por medio de Jesucristo") significa que Moisés no supo nada acerca de la gracia. Fácilmente puede probarse que eso está errado, por versículos tales como Éxodo 33:13 y 17, pero el error también se puede probar mediante una lectura cuidadosa de Juan 1:17. Observe que dice "la gracia *y la verdad* vinieron por medio de Jesucristo". Si decimos que ese versículo significa que Moisés no supo nada acerca de la gracia, también debe significar que no supo nada acerca de la verdad, ¿no es así? Debemos entender que este versículo dice que Jesucristo es el canal de la gracia y la verdad, y que lo ha sido *desde antes de la fundación del mundo.*

La gracia: el único medio de salvación

Tozer continúa este tema en su discusión de la salvación. Sus dos principales afirmaciones son: Nadie fue, es ni será salvo, excepto por gracia; y "la gracia siempre viene por Jesucristo" (pág. 95). "La gracia vino desde los remotos comienzos por medio de Jesucristo el Hijo eterno, y fue manifestada en la cruz del Calvario" (pág. 96). Es por esto que se hace referencia a Jesucristo como "el Cordero que fue inmolado desde el principio del mundo" (Apocalipsis 13:8). La vía de salvación fue planeada antes del tiempo.

La gracia salvadora opera mediante la fe en Cristo; es privilegio solo de quienes han experimentado el nuevo nacimiento. Pero Tozer nos recuerda que una medida de gracia es dada a todos. Si no se acepta la gracia, el juicio caerá; pero Él les da una oportunidad de arrepentirse. "SEÑOR, si tú tuvieras en cuenta las iniquidades, ¿quién, oh Señor, podría permanecer?" (Salmo 130:3, LBLA). Admiro la disposición de Tozer a incluirse a sí mismo con Judas y Hitler cuando concluye bastante tristemente: "Me pregunto si hay mucha diferencia entre nosotros los pecadores después de todo" (pág. 96).

La gracia es como Dios es

Dios es siempre bueno y clemente con todas las personas de todo lugar en todo tiempo; no hay mezquindad, resentimiento ni dureza en Dios, nos asegura Tozer. La gracia no es solo algo que Él viste como un manto; es lo que Él es en su naturaleza, en el núcleo de su ser. Esta sección del capítulo me recuerda un ensayo de Tozer en *La raíz de los justos* titulado "Es fácil vivir con Dios". Es un mensaje que a cada cristiano debería serle recordado de vez en cuando. Esta es una porción de él:

> Es de la mayor importancia para nuestra guerra espiritual que siempre conservemos en nuestras mentes una correcta concepción de Dios. Si lo pensamos como frío y riguroso encontraremos imposible amarlo, y nuestras vidas serán atormentadas por el miedo servil. Si, en cambio, lo percibimos siendo amable y comprensivo toda nuestra vida interior reflejará esa idea.
>
> La verdad es que Dios es el más adorable de todos los seres y su servicio uno de los más indecibles placeres. Él es todo amor, y quienes confían en Él no necesitan saber de Él nada más que ese amor. Él es justo, por cierto, y no consiente el pecado; pero mediante la sangre del pacto eterno puede actuar hacia nosotros exactamente como si nunca hubiéramos pecado. Hacia los confiados hijos de los hombres su misericordia siempre triunfa sobre su justicia.

¿Está Tozer siendo blando con el pecado? ¡No más blando que Dios! Es verdad que el juicio seguirá cayendo sobre quienes rehúsen arrepentirse, pero seguirá habiendo gracia.

La gracia es inconmensurable, como todos los atributos de Dios. Y Tozer nos dice que si queremos ver cuán grande es la gracia de Dios, debemos medirla en relación con nuestro pecado: "mas cuando el pecado abundó, sobreabundó la gracia" (Romanos 5:20). Él añade que la frase "sobreabundó la gracia" es una colosal sutileza: una acomodación a nuestras mentes finitas. ¿Recuerda que en el capítulo 1 dijimos que "Dios no tiene grados"? Estamos comparando lo finito (nuestro pecado) con lo infinito (la gracia de Dios). La gracia de Dios es tan vasta "que nadie puede jamás captarla o esperar comprenderla" (pág. 99).

No importa cuánto hayamos pecado, la gracia abunda para nosotros. Tozer dice que deberíamos estar continuamente abrumados por la inmensidad de la gracia de Dios hacia nosotros—que estamos bajo el juicio del pecado—para poder tener la correcta perspectiva de la vida. "Si solo pudiéramos recordar esto [la inmensidad de la gracia de Dios], no jugaríamos ni nos distraeríamos tanto" (pág. 99).

Cómo mirar a la gracia

Tozer nos ha mostrado claramente cómo debemos mirar a la gracia en comparación con nuestro pecado y concluye que eso es verdaderamente asombroso, porque "salva a un miserable como yo". Esa es la perspectiva humana. Ahora nos pide que miremos a la gracia desde la perspectiva de Dios: pensar al respecto como "Dios actuando como Él mismo". En otras palabras, cuando Dios opera en gracia—con bondad, amabilidad y misericordia y sin sombra de malicia o resentimiento—Dios solo está actuando tal como es.

Cuando Tozer nos pide que veamos las cosas desde la perspectiva de Dios, debemos tomar conciencia de que no podemos comenzar por comprender su naturaleza; la mayor parte de eso debemos tomarla por fe. Nosotros estamos hechos de "partes", pero Dios está unificado, así que todos sus atributos están integrados en una personalidad. Nosotros somos finitos y Él es infinito. Y, finalmente, nosotros estamos caídos y Él es santo.

Así que cuando oímos a alguien declarar algo como "Dios es demasiado bueno para castigar a la gente", debemos reconocer que es un falso sentimentalismo, porque está viendo a Dios desde una perspectiva humana, finita. La justicia de Dios trae bajo juicio al pecador que ha vuelto sus espaldas a la gracia de Dios, pero Dios, siendo perfecto, infinito y santo, puede juzgar justamente a ese pecador impenitente, y hacerlo sin ningún trazo de resentimiento o mezquindad. Aun en el juicio, Él sigue siendo un Dios de gracia.

¿Puede usted imaginarse eso? Si no, sencillamente tómelo por fe. Pero pienso que puedo imaginar un juez humano que es amoroso, amable y misericordioso, pero que debe condenar a un malhechor impenitente. En realidad, un juez que es bueno y amable, ¿no debería ser el más capacitado para juzgar *justamente* al malhechor?

La gracia se manifiesta en la cruz

Para conocer la inconmensurable gracia de Dios, dice Tozer, debemos "pasar bajo la sombra de la cruz" (pág. 101). Citando Juan 14:6, que dice que nadie viene al Padre si no por Jesús, y Hechos 4:12 que dice que no hay otro nombre por el cual podamos ser salvos, Tozer concluye que la cruz es donde la gracia de Dios es manifestada. Así como los profetas que predijeron la expiación no sabían bien de qué estaban hablando, y los ángeles desean mirar en estas cosas (1 Pedro 1:10–12), nosotros no necesitamos comprender totalmente la naturaleza de la expiación.

Tozer se queja de que algunos predicadores son culpables de "vulgarizar" y "comercializar" la expiación por describir de modo simplista la muerte de Cristo en la cruz como "pagar un precio" (pág. 103). Tozer no está rechazando esta descripción; creo que meramente está rechazando la idea de que esa sea la plena explicación de la expiación. Algunos creyentes gustan tener todo en una pulcra cajita; se sienten incómodos con la idea del misterio. En *¿Qué pasó con la adoración?*, Tozer trata este mismo problema:

> Hay quienes pretenden conocer todo acerca de Dios; quienes pretenden que pueden explicarlo todo acerca de Dios, de su creación, de sus pensamientos y de sus juicios. Ellos se han unido a las filas de los evangélicos racionalistas. Terminan sacando el misterio fuera de la vida y fuera de la adoración. Cuando han hecho eso, también han sacado afuera a Dios.
>
> El tipo de actitud "lo sé todo" acerca de Dios que vemos en algunos maestros hoy los deja en una posición muy dificultosa. Ellos deben criticar y condenar rotundamente a cualquier otro hombre que tome una posición un poco diferente de la suya.
>
> Nuestra habilidad y facundia y soltura bien pueden delatar la falta en nuestros espíritus de ese divino sobrecogimiento, silencioso y asombrado, que exhala un susurro: "Oh, Señor, tú lo sabes".

Algunas cosas que no sabemos

Incluso un pensador de tanta hondura y un teólogo tan profundo como el apóstol Pablo dijo: "Grande es el misterio de la piedad" (1 Timoteo 3:16). ¿No podemos vivir con un poco de misterio? Dios es infinito, así que ¿cómo podemos esperar entenderlo completamente?

Así que no tratemos de entenderlo, nos aconseja Tozer. Simplemente mantengámonos en reverencia por lo que Dios ha hecho. Sabemos que el Hijo de Dios murió y resucitó por nosotros. "Pero ¿por qué? Dios ha silenciado para siempre este secreto en su propio gran corazón. Y solo podemos decir: 'Digno es el Cordero'" (pág. 105).

Cree solamente

Como estudiante en las clases de teología, encontré que cada intento de desarrollar una "teoría de la expiación" exhaustiva se quedaba corto, incluso pese a que algunas teorías eran sólidamente bíblicas en sus fundamentos. No se trata de que esas teorías carezcan de algún valor; es simplemente que, como el ejemplo de Tozer del niño de dos años que pregunta "¿Por qué estoy aquí?", debemos reconocer que algunas cosas están más allá de nuestra capacidad de comprenderlas. "Porque lo que es de la tierra Él nos permite saberlo, pero lo que es del cielo, lo guarda en su propio gran corazón" (pág. 105).

Tozer nos lleva luego a la parábola del hijo pródigo (Lucas 15:11–24), la suprema historia de gracia. Destaca en primer lugar que el hijo de la historia debía cambiar—debía arrepentirse—para volver a su padre. Pero cuando vuelve, encuentra que su padre *no* había cambiado. Seguía siendo el mismo padre amable, misericordioso y amoroso que había conocido siempre.

En segundo lugar se refiere a la interpretación de la parábola. El pródigo no encaja enteramente en la imagen de un pecador que viene a Dios por la primera vez, ni un reincidente que vuelve a Dios. ¿La razón? Él representa a ambos:

en realidad, representa a toda la raza humana. Nos fuimos al chiquero en Adán y volvemos en Cristo.

¿Dónde está la gracia?

Poniendo juntas estas dos afirmaciones, Tozer concluye que si estamos fuera de la gracia de Dios necesitamos regresar. Solo podemos regresar en Cristo, porque es donde está la gracia de Dios. Si intentamos cualquier otro camino aparte de Cristo, no tendremos retorno. Seguiremos estando en el chiquero. "Si usted aprieta los dientes contra Él, la gracia de Dios podría incluso no existir para usted" (pág. 108). Pero si volvemos en Cristo, hallaremos que toda la naturaleza de Dios está de nuestro lado, incluso su justicia (1 Juan 1:9).

La oración de cierre de Tozer, que Dios barra toda pretensión de superioridad moral, es una que merece repetirse. Parece ser un tema recurrente para muchos de nosotros que la maleza de la pretensión de superioridad moral debe ser continuamente arrancada del jardín de nuestros corazones. Dedique algún tiempo buscando en su corazón malezas para arrancar. Pídale a Dios que le dé una renovada conciencia de que su nueva vida con Cristo es solamente por gracia.

PLAN DE LECCIÓN—Estudio grupal

Propósito: Que mis estudiantes logren una renovada comprensión de la gracia de Dios, especialmente en sus propias vidas.

Introducción

1. Empiece con oración.

2. Haga que alguien lea los ocho pasajes de la Escritura que están al comienzo del capítulo (Génesis 6:8; Éxodo 33:17; Proverbios 3:34; Juan 1:16–17; Romanos 3:24; Romanos 5:15; Efesios 1:6–7; 1 Pedro 5:10). Anote en la pizarra diferentes aspectos de la gracia que el grupo pueda derivar de esos pasajes.

La gracia fluye de la bondad de Dios

1. Pida a la clase que explique las diferencias entre misericordia y gracia. Si es necesario, remítase a los comentarios del estudio personal de la subsección del capítulo.

2. Lean Juan 1:17. Pregunte cuál es la enseñanza típica acerca de este versículo, la que Tozer desaprueba. Si es necesario, lean Éxodo 33:13, 17 para refutar la popular idea de que "Moisés conoció solamente la ley".

La gracia: el único medio de salvación

Pregunte cómo eran salvos los creyentes del Antiguo Testamento. ¿Sobre qué base fueron salvos ellos? (¡Por cierto, sobre la base de la gracia. ¿De qué piensa que trata este capítulo?) Lean Apocalipsis 13:8 y señale que la idea del tiempo de Dios es diferente de la nuestra, así que los creyentes del Antiguo Testamento pudieron "mirar adelante" hacia el perfecto sacrificio de Cristo.

La gracia es lo que Dios es

Lean el pasaje de *La raíz de los justos* en el estudio personal (*Guía de Estudio*, pág. 56). Pregunte al grupo si esto cambia su opinión de Dios. ¿Afecta la manera en que ellos se relacionan con Dios?

Cómo mirar a la gracia

Haga que la clase discuta la afirmación: "Dios es demasiado bueno para castigar a nadie". ¿Cuál es el error en esta línea de razonamiento?

La gracia es manifestada en la cruz

Tozer dice que describir la muerte de Cristo en la cruz meramente como el "pago de un precio" es "vulgarizar la expiación". ¿Qué quiere decir él con esto?

Algunas cosas que no debemos saber

Lean Primera de Timoteo 3:16. Pregunte al grupo qué es un "misterio" [algo que nosotros no sabemos, no podemos explicar o entender]. ¿Por qué es tan difícil para los estadounidenses del siglo veintiuno vivir con misterio?

Creer solamente

Lean Lucas 15:11–24. ¿Qué aspectos de la gracia de Dios están retratados en esta historia?

Dónde está la gracia

Pregunte cómo pudo el hijo pródigo apropiarse de la gracia [volviendo a su padre], ¿Cómo podemos apropiarnos de la gracia de Dios para nuestras vidas?

Cierre

1. Pida al grupo que cierren los ojos mientras usted lee la oración de cierre de Tozer (pág. 108).

2. Asigne la tarea de leer el capítulo 7 para la próxima clase.

3. Cierre con oración.

Capítulo 7
La omnipresencia de Dios

Estudio personal

Material complementario: A. W. Tozer: *God Tells the Man Who Cares* [Dios le habla al hombre que está atento] (Camp Hill, PA: WingSpread Publishers, 1992); C. S. Lewis: *The Great Divorce* (New York: Macmillan, 1946); A. W. Tozer: *The Knowledge of the Holy* (San Francisco: Harper and Row, 1961). [Hay edición castellana: *El conocimiento del Dios santo*, E. Vida, Deerfield, Florida, 1996.]

En capítulos previos hemos visto cosas tales como la misericordia y la gracia: atributos de Dios con los que nosotros podemos relacionarlos e incluso emular, en cierta limitada medida. Podemos ser misericordiosos y conceder gracia, siendo así "hijos de [nuestro] Padre que está en los cielos" (Mateo 5:45; texto adaptado entre corchetes). Pero con la omnipresencia, volvemos a un atributo que nosotros *no podemos* compartir con Dios. No podemos entenderlo bien, porque es una función de su ser infinito, y nosotros somos criaturas finitas.

Como en otros capítulos, Tozer comienza con varios versículos, pero aquí da una muy inesperada explicación de por qué lo hace. Yo suponía que él decía que esos versículos eran dados para probar la base bíblica de la doctrina de la omnipresencia de Dios. En cambio, son dados para mostrar que "las Santas Escrituras tienen su origen en la naturaleza de Dios" (pág. 110). ¡Qué interesante giro del pensamiento!

Lo que es la omnipresencia

Tozer establece al menos tres aspectos de la omnipresencia de Dios: Dios está cerca en todo lugar; de toda persona y de toda cosa; Dios no tiene límites; y Dios no tiene tamaño. El primer aspecto es la tradicional definición de omnipresencia; cuando la escuchamos sacudimos nuestras cabezas y decimos que hemos entendido. Los otros dos aspectos—que Dios no tiene límites ni tamaño—pueden parecer extraños a nuestros oídos, porque nunca hemos pensado en las implicaciones del primer aspecto.

Si Dios está en todas partes, no puede tener límites, porque un límite indica el punto en el cual algo *termina*. Como Dios no tiene fin, sino que es infinito, no puede tener límites. Y Dios no puede tener tamaño, porque tamaño indica que algo es *mensurable*. Si Dios es infinito, no puede ser medido. (Usted puede hacer esta misma discusión en el capítulo de la infinitud de Dios).

Esto no es mera semántica; Tozer está tratando de limpiar de nuestras mentes nuestra pequeña imagen de Dios: "Pensamos de manera correcta en Dios y en las cosas espirituales cuando descartamos totalmente el concepto de espacio" (pág. 111). Jeremías 23:24 nos dice que Dios llena los cielos y la tierra. Me gusta cómo Tozer compara esto con la manera en que el océano "llena" un balde, ¡pero sigue quedando una enormidad de océano! "Los cielos y los cielos de los cielos no pueden contenerlo" (2 Crónicas 2:6).

Es importante que ensanchemos nuestras mentes dando vueltas a estos pensamientos, para que podamos ver nuestro error al pensar a Dios como estando "muy lejos, más allá del cielo iluminado por estrellas" (pág. 112). En *God Tells the Man Who Cares* (Dios le habla al hombre que está atento), Tozer trata esta actitud con ironía:

> La Biblia nos enseña bastante claramente la doctrina de la divina omnipresencia, pero para las masas que profesan ser cristianas esta es la era del Dios ausente. La mayoría de los cristianos habla de Dios de la manera usualmente reservada para un ser amado que ha partido...
>
> Seguramente Dios no nos habría creado para no estar satisfechos con nada que sea menos que su presencia si Él se hubiera propuesto que solamente nos lleváramos bien con su ausencia.

Así que ¿por qué pensamos a Dios como remoto?

Nuestra lejanía de Dios

En el reino del espíritu la distancia es irrelevante. Jesús puede estar en el cielo y seguir estando siempre con nosotros (Mateo 28:20). Así que si nos sentimos distantes de Dios, nos recuerda Tozer, hay una causa diferente. "Pero estamos separados de Dios... porque hay una disimilitud de naturaleza" (pág. 113). Él ilustra esta "disimilitud de naturaleza" pidiéndonos que imaginemos un ángel y un simio en la misma habitación. Por causa de que sus naturalezas son tan diferentes, no podrían tener comunión ni compatibilidad.

Dios está siempre *aquí mismo*. Entonces, ¿por qué pensamos que está tan lejos? Porque nuestro pecado nos hace disímiles de Dios en nuestra naturaleza moral. En

Efesios 2:1-3 y 4:17-19, hay una palabra que identifica este sentimiento de estar "tan lejos": *separación*. Como un hombre realmente piadoso y un hombre malvado, pecador, que se sientan juntos en un tren tienen pocos intereses comunes para llevar adelante una conversación, nosotros no tenemos intereses comunes con Dios cuando seguimos estando en pecado.

Sentimos separación de Dios porque Él habla el lenguaje del espíritu, mientras que nosotros hablamos el lenguaje de la carne. Dios vive en una cultura de santidad, mientras que nosotros vivimos en una cultura de pecado. Dios está cerca, pero tan alejado en naturaleza.

Pablo describe de esta manera la búsqueda de Dios por la humanidad: "que busquen a Dios, si en alguna manera, palpando, puedan hallarle" (Hechos 17:27). Eso suena como un hombre ciego andando a tientas en una habitación desconocida, o como un hombre que no conoce el lenguaje tratando de comunicarse por señas.

Ilustraciones de la Escritura

Nuestra lejanía de Dios me recuerda a la esposa que se le quejaba al esposo: "Ya no nos sentamos juntitos en el automóvil". Él replicó: "Querida, estoy sentado delante del volante; si no estamos tan cerca como solíamos estar, ¡no soy yo quien debe moverse!".

La realidad es que somos nosotros mismos quienes ponemos la "distancia" entre nosotros y Dios, porque no podemos soportar la disimilitud en nuestras naturalezas morales. Tozer ilustra esto con ejemplos de la Escritura: Adán escondido en el huerto cuando pecó (Génesis 3:8); Jonás tratando de huir de Dios cuando rehusó hacer lo que Dios quería (Jonás 1:3); Pedro diciéndole a Jesús que se apartara de él "porque soy hombre pecador" (Lucas 5:8). "Es el corazón el que pone distancia entre nosotros y Dios" (pág. 118).

La dicha de las criaturas morales

Hay una experiencia opuesta a este sentido de separación. Es la pura dicha de la presencia manifiesta de Dios. Este podría ser el punto más importante que Tozer señala en este capítulo: Hay una diferencia—una enorme diferencia—entre la presencia de Dios (que está en todos lados) y su presencia *manifiesta* (cuando Él se revela al hombre). Su presencia manifiesta es la experiencia exclusiva de aquellas criaturas morales que le permiten que Él las cambie a su semejanza. Es por esto que Primera de Juan 3:2 nos dice que en el cielo seremos semejantes a Él.

Como Tozer lo dice, la presencia divina manifiesta es lo que hace cielo al cielo, y la falta de ella es lo que hace infierno al infierno. En *El gran divorcio*, la alegoría de C. S. Lewis acerca de un viaje en bus desde el infierno al cielo, los residentes del infierno encuentran que no pueden disfrutar del cielo porque no está hecho para ellos. Es de esto de lo que Tozer está hablando. Los hombres pecadores no pueden experimentar la presencia manifiesta de Dios porque son moralmente disímiles. Entonces, pregunta Tozer, ¿cómo podrán los hombres pecadores acercarse alguna vez a Dios?

La reconciliación de lo disímil

Para responder a esta pregunta, Tozer se vuelve hacia el personaje de Jacob en el Antiguo Testamento. Si algún hombre fue diferente de Dios en su naturaleza moral, fue el engañador y conspirador Jacob cuyo propio nombre (que significa "suplantador") traiciona su naturaleza agresiva y avariciosa. Pero ese es el mismo hombre que dijo: "Ciertamente Jehová está en este lugar, y yo no lo sabía" (Génesis 28:16), lo cual indicaba que él había comenzado a sentir la presencia manifiesta de Dios. ¿Cómo ocurrió esto?

Después de haber establecido que el hombre no puede cambiar por sí mismo para llegar a ser como Dios, Tozer concluye que debe haber *reconciliación* entre Dios y el hombre. Gracias a Dios que esto sucedió en Cristo (2 Corintios 5:19). Pero ¿cómo?

Una forma de que dos partes se reconcilien es que lleguen a *transigir*. El problema aquí, sin embargo, es que no se trata simplemente de una diferencia de *opinión* entre Dios y el hombre, sino de una diferencia de *naturaleza* entre Dios y el hombre. ¿Pueden Dios y el hombre hacerse concesiones? ¡Por supuesto que no! ¿Cómo podría Dios decir: "Bien, tú sé un poco más santo y yo seré un poco más pecador, y nos encontraremos a medio camino"? No puede ser, no porque Dios sea obcecado, sino porque Dios es Dios. ¿Cómo puede Dios ser algo menos que perfectamente santo y justo? Si algo hemos aprendido de estos estudios sobre los atributos de Dios, ¡que al menos sea esto!

Irónicamente, Dios resuelve este problema no viniendo a mitad de camino, ¡sino haciendo todo el camino! Dios se hizo hombre en la persona de Jesucristo, pero sin comprometer su santa naturaleza. Y Jesús murió en la cruz por nuestro pecado, reconciliándonos con Dios y dándonos una oportunidad para que también hagamos todo el camino. Nosotros podemos ser "participantes de la naturaleza divina" (2 Pedro 1:4). Tozer explica: "[Eso] Significa que cuando un pecador vuelve a casa, se arrepiente y cree en Cristo como Salvador, Dios implanta en el corazón del que era pecador algo de su propia naturaleza" (pág. 123).

Tozer retoma la ilustración de "el simio y el ángel" para puntualizar que:

> Si el gran Dios todopoderoso depositara la gloriosa naturaleza celestial del ángel en el simio, éste se pondría en pie de un salto, saludaría al ángel y lo llamaría por su nombre, porque la similitud estaría allí instantáneamente (pág. 123).

Es por esto que Jacob pudo decir: "Ciertamente el Señor está en este lugar, y yo no lo sabía" (Génesis 28:16, LBLA). Tozer observa que Jacob dice: "el Señor *está* en este lugar" (tiempo presente), y "yo no lo *sabía*" (tiempo pasado). Dios estuvo allí todo el tiempo, pero a Jacob le sucedió un cambio—se convirtió—y súbitamente supo lo que no había sabido antes: la manifiesta presencia de Dios.

Comunión con Dios

Es por esto, dice Tozer, que los nuevos convertidos son tan felices: La *conciencia* de la presencia de Dios le ha sido restaurada. La conciencia de la presencia de Dios es lo que hace cielo al cielo, y la ausencia de conciencia de su presencia es lo que hace infierno al infierno. Si verdaderamente hemos venido a la fe en Cristo, nuestro espíritu se junta con su Espíritu, participamos de su naturaleza y disfrutamos en la presencia de Dios.

¿Está diciendo Tozer que el cristiano nacido de nuevo debería estar *siempre* delirantemente feliz? Para nada. En su libro *El conocimiento del Dios santo,* Tozer observa que un niño puede llorar incluso en la seguridad y protección de los brazos de su madre. Similarmente, la presencia manifiesta de Dios no es un escudo que nos aísle de todos los dolores de la vida. Pero el sentido de separación, la soledad de la separación de Dios, se ha ido para siempre, si conocemos a Cristo.

PLAN DE LECCIÓN—*Estudio grupal*

Propósito: Que mis estudiantes puedan tener un nuevo reconocimiento y conciencia de la presencia de Dios en sus vidas.

Introducción

1. Comience con oración.

2. Haga que alguien lea los cinco pasajes de la Escritura que están al principio del capítulo (1 Reyes 8:27; Jeremías 23:23; Hechos 17:27–28; Salmo 16:8; Salmo 139:7–10).

Lo que es la omnipresencia

1. Pida a la clase que defina la omnipresencia. ¿Qué hace que este atributo sea para nosotros más difícil de comprender que lo que hemos estudiado recientemente, tales como la misericordia, gracia y justicia de Dios? (Es un atributo que no podemos compartir con Él, porque somos criaturas finitas.)

2. Discutan lo que Tozer quiere decir cuando expresa que Dios no tiene límites ni tamaño.

Nuestra lejanía de Dios

1. Si Dios está en todas partes, ¿por qué la gente suele hablar de Él como muy lejano? Tozer culpa de esto a "una disimilitud de naturaleza moral". ¿Qué quiso significar con eso? Discútanlo.

2. Pregunte si algunos han pasado tiempo en un país extranjero, interactuando con gente de una cultura diferente. Invítelos a compartir lo que sintieron al ser "diferentes" de algún otro (o, si usted ha tenido tal experiencia, comparta sus propios sentimientos de separación). Luego lean Hechos 17:27 y discutan cómo vivir en una cultura extranjera es similar a la descripción de Pablo de la búsqueda de Dios por la humanidad.

Ilustraciones de la Escritura

Presente los ejemplos de Adán después de pecar (se escondió), Jonás después de que Dios le habló (huyó), y Pedro después de ser testigo de uno de los primeros milagros de Jesús (le pidió al Señor que se apartara de él). ¿Por qué es esta nuestra reacción natural a la presencia de Dios?

La dicha de las criaturas morales

¿Qué es la presencia *manifiesta* de Dios? ¿Cuál es el prerrequisito para experimentar la presencia manifiesta de Dios? Lea Primera de Juan 3:2 para presentar o confirmar la respuesta a estas preguntas.

La reconciliación de lo disímil

1. Discutan cómo habría respondido Tozer a la pregunta: "¿Por qué Dios no puede llegar a un acuerdo:

simplemente pasar por alto nuestras diferencias y dejarnos entrar al cielo?" (La falacia de esta pregunta es el tema de *El gran divorcio* de C. S. Lewis.)

2. Lean Segunda de Pedro 1:4. Discutan las implicaciones de ser "participantes de la naturaleza divina". (No permita que la clase eluda esto con respuestas estándar de "Escuela dominical". Haga que lidien con la pregunta de tener al infinito Creador morando dentro de ellos.)

Comunión con Dios

Si hemos llegado a la fe en Cristo y podemos experimentar la consciente, manifiesta presencia de Dios, ¿por qué no vivimos en constante felicidad? (Porque seguimos viviendo en un mundo caído, y tenemos muchas de las mismas necesidades y problemas que el resto del mundo. La diferencia es nuestra constante comunión con Dios, que nos ayuda enfrentar lo peor que la vida pueda darnos.)

Cierre

1. Pida a la clase que cierren los ojos y mediten en la presencia de Dios. Después de un momento de silencio, invite a que levante la mano todo el que quiera experimentar una medida más profunda de la presencia manifiesta de Dios en su vida.

2. Asigne la tarea de leer el capítulo 8 para la clase de la semana próxima.

3. Cierre con oración, recordando especialmente a los que levantaron la mano.

Capítulo 8
La inmanencia de Dios

Estudio Personal

Material adicional: A. B. Simpson, *Loving as Jesus Loves* (Amar como Jesús ama). (Camp Hill, PA: WingSpread Publishers, 1996).

Como en todos los capítulos de este libro, Tozer presenta mucho más que un árido tratado doctrinal sobre ciertos atributos de Dios. Más bien, trata de relacionar la forma en que este atributo afecta nuestra relación personal con Dios. Al principio puede parecer que Tozer, con la inmanencia, está cubriendo en mucho el mismo terreno que con la omnipresencia en el capítulo anterior. Y es cierto que la *omnipresencia* (Dios está en todas partes) está íntimamente relacionada con la *inmanencia* (Dios permea todas las cosas). "Dios mora en su universo y sin embargo el universo mora en Dios" (pág. 128).

Sin embargo, el capítulo anterior está dirigido a los no cristianos, esencialmente. Los creyentes pueden relacionarse con el mensaje del capítulo (el sentimiento de que Dios está lejos), pero solamente cuando ven que les dice lo que *eran*, no la manera en que son ahora (o deberían ser, al menos). En este capítulo, Tozer admite francamente que la mayoría de los cristianos (y él mismo se incluye) sigue teniendo la sensación de distanciamiento de Dios. Por qué es esto y qué puede hacerse al respecto, es el tema central de este mensaje.

Tozer comienza presentando los tres actos divinos que nos dan la salvación: la expiación, la justificación y la regeneración. De estos tres, solamente la regeneración es subjetiva, teniendo lugar en el corazón y haciéndonos "partícipes de la naturaleza divina" (2 Pedro 1:4).

Restauración de la similitud moral

Una persona regenerada, habiendo sido hecha partícipe de la naturaleza divina, tiene una semejanza moral, o compatibilidad, con Dios. Nuestra semejanza moral con Dios "permite que Dios se acerque con profunda emoción a una persona" (pág. 130). No puede haber comunión entre dos seres que son completamente disímiles uno del otro. Y Dios, dice Tozer, es "tremendamente diferente" del pecador. Pero si somos regenerados, podemos "revestirnos del nuevo hombre" (Colosenses 3:10), que tiene semejanza con Dios, "un aire de familia".

Hasta aquí Tozer no dice mucho que sea diferente del capítulo anterior. Pero en este punto, marca un nuevo rumbo cuando pregunta: "¿Por qué entonces este serio problema entre verdaderos cristianos, este sentimiento de que Dios está muy lejos o de que nosotros estamos muy lejos de Dios?" (pág. 132).

En ese punto, el lector que esperaba un tratado teológico sobre la inmanencia de Dios probablemente sienta que Tozer está desviándose del tema. Pero en realidad él está un paso adelante de estos lectores en su consideración. Él ya ha definido la inmanencia de Dios; ahora la está aplicando a nuestra relación con Él.

Si la presencia de Dios penetra e impregna el universo, si "en él vivimos, y nos movemos, y somos" (Hechos 17:28), ¿por qué no sentimos su presencia ubicua a cada momento? ¿Por qué somos como un hombre que muere de inanición sentado ante un banquete? Por cierto, el no creyente no puede sentir la presencia de Dios, pero quienes hemos nacido de nuevo, quienes somos hijos de Dios, ¿por qué nos sentimos tan distanciados?

Una escuela de pensamiento sobre esto es que simplemente debemos tomarlo por fe, regocijarnos en la presencia de Dios aunque no la "sintamos". Hay algo de verdad en esto, y Tozer mismo nos ha advertido en otra parte de sus escritos que no deberíamos *vivir* por sentimientos. Y ¿quién argüiría contra la fe? Pero vivir por fe no significa que debamos ignorar completamente nuestros sentimientos. A veces un sentimiento, tal como una sensación de estar lejos de Dios, es una señal de que algo anda mal.

En definitiva, si aseguramos estar regocijándonos en la presencia de Dios cuando nos seguimos sintiendo distanciados, nos estamos engañando a nosotros mismos. Como lo dice Tozer:

> Saber algo en la cabeza es una cosa; sentirlo en el corazón es otra. Y pienso que muchos cristianos están tratando de ser felices sin tener un sentir de la Presencia. Es como tratar de tener un día brillante sin tener el sol (pág. 132).

Ansia de Dios

Estos creyentes que tratan de vivir sin una consciente, manifiesta presencia de Dios en sus vidas son llamadas por Tozer "cristianos teológicos" (pág. 133). Ellos comprenden que son salvos y tienen en claro todos los hechos, y no hay nada malo en eso. Pero muy profundamente en su interior tienen ansia de Dios, sin importar lo mucho que ellos quieran negarlo. Surge en oraciones tales como: "Señor, ven y manifiéstate a nosotros", o en himnos como "Más cerca oh Dios de ti".

Esta ansia de Dios es realmente algo bueno. Tozer declara:

Este deseo, esta ansia de estar cerca de Dios es, en realidad, un anhelo de ser como Él. Es el anhelo del corazón rescatado de ser como Dios para que pueda haber perfecta comunión, para que el corazón y Dios puedan unirse en una comunión que es divina" (págs. 134–135).

En *La búsqueda de Dios* Tozer se extiende sobre el tema:

Haber encontrado a Dios, y seguir buscándolo, es una de aquellas paradojas del amor, que miran despectivamente algunos ministros que se satisfacen con poco, pero que no satisfacen a los buenos hijos de Dios de corazón ardiente...

Acerquémonos a los santos hombres y mujeres del pasado, y no tardaremos en sentir el calor de su ansia de Dios. Gemían por Él, oraban implorando su presencia, y lo buscaban día y noche, en tiempo y fuera de tiempo. Y cuando lo hallaban, les era tanto más grato el encuentro tras el ansia con que lo habían buscado.

Lo que estamos anhelando es una *manifestación* de la presencia de Dios: un anhelo que deberíamos *cultivar*, no ignorar. Este deseo de estar *cerca* de Dios es un anhelo de ser *como* Dios. Pero ¿cómo sabemos cómo es Dios, para poder saber dónde fallamos? Tozer tiene una respuesta sencilla: ¡Dios es como Cristo!

La santidad de Cristo

Una cualidad de Jesús, por ejemplo, es la santidad. Pero nosotros nos manchamos y contaminamos con el mundo, dice Tozer, y permitimos que pasen meses, hasta años, sin arrepentirnos. Esto me recuerda algo que una vez le oí decir a Fred Hartley en un sermón: "Sé que me he arrepentido de mis pecados, ¡porque me sigo arrepintiendo!". El arrepentimiento no es una acción de una vez; es una forma de vida, una actitud perdurable del corazón.

Un cristiano carnal puede ser regenerado, pero seguir teniendo sentimientos, deseos y motivaciones impuros. ¿Cómo puede un Dios santo tener comunión con tal carnalidad? Estas cosas nos impiden experimentar la presencia manifiesta de Dios, así como las nubes espesas oscurecen el sol. Es necesario que nos arrepintamos.

La generosidad de Cristo

Jesús además es generoso. Él se dio a sí mismo por nosotros. Sin embargo, muchos cristianos son egocéntricos y autocomplacientes. Tozer tiene una buena manera de probar esta área de su vida: "Usted sabrá que es egocéntrico si alguien lo contraría y se pone furioso" (pág. 137). Cuán cierto, ¡y cuán frecuentemente cierto de mí mismo y de otros!

Nuestra autoindulgencia se evidencia en lo que gastamos nuestro tiempo y nuestro dinero. ¿Qué dicen, por ejemplo, nuestros hábitos de gastos, de nuestros deseos, de nuestras prioridades? ¿Puede un Cristo sin egoísmo tener comunión con un cristiano egocéntrico y autoindulgente? Me pregunto si alguien que esté envuelto en su propio ego puede tener mucha comunión con alguien.

El amor de Cristo

Íntimamente relacionado con la generosidad se halla el amor. Cristo nos ama tanto que dio todo, sin retener nada. Tozer protesta de que, por el contrario, demasiados cristianos son "tacaños" con Dios: "Ponemos nuestra vida espiritual en un presupuesto" (pág. 137). Pero "ni siquiera Cristo vivió para agradarse a sí mismo" (Romanos 15:3, NTV).

Algunos podrían cuestionar cómo nuestra falta de amor y generosidad puede impedir que Dios tenga comunión con nosotros. Pero necesitamos darnos cuenta de que somos nosotros quienes bloqueamos el camino, no Dios. Como prueba, Tozer se remite al Cantar de los Cantares 5:2–6. El novio (Cristo) quiere que su novia se una a él. Pero ella no quiere salir de su cama. Para cuando ella sale, él ya se ha ido. No tienen comunión porque ella es muy egoísta. En la última parte del capítulo, la novia está anhelando el regreso de él.

A. B. Simpson comenta este pasaje en su estudio devocional del Cantar de los Cantares, *Loving as Jesus Loves* (Amar como Jesús ama):

> Las causas del fracaso de la amada fueron su indolencia y su autoindulgencia. Esto fue un gran desprecio a su señor. Ella había preferido su confort al de él. Podía yacer en lujoso descanso mientras él estaba afuera en la puerta, con la cabeza mojada por el rocío... qué triste, triste símbolo del Señor Jesucristo con respecto a la

propia Iglesia que Él ha redimido y desposado consigo mismo. Ella en el lujo y el egoísmo, y Él afuera en el frío y la oscuridad.

Otras cualidades de Cristo

Hay otras cualidades de Cristo que contrastan mucho con lo que frecuentemente se ve en nuestras vidas. Él es bondadoso, pero nosotros a menudo somos ásperos. Él perdonó a quienes lo torturaron, pero nosotros podemos ser muy mezquinos y vengativos. Él es celoso, mientras que nosotros solemos ser tibios. ¡Imagine cuán distante se siente el humilde Cristo de nosotros cuando actuamos con tanto orgullo y arrogancia!

¿Usted ya siente convicción de pecado? ¡Sé que yo sí! Tozer predicó esto hace al menos cuarenta años; ¿cómo pudo saber lo que yo soy hoy? ¡La verdad es que no hay mucha originalidad en el pecado!

La semejanza no es la justificación

¿Todo esto significa que no somos salvos? No, en absoluto. Tozer nos recuerda que la justificación no es lo mismo que la semejanza con Dios. Por la muerte de Cristo en la cruz, somos regenerados, de modo que la semilla de la vida está plantada en nosotros. "Pero la regeneración no perfecciona la imagen de Dios en usted" (pág. 141). La semilla tiene que crecer. Tozer compara esto a un artista con una pintura. Primero, él hace trazos generales sobre el lienzo, y agrega sombreado, hasta que gradualmente aparece la imagen y se completan los detalles.

Nuestra disimilitud nos impide experimentar la presencia manifiesta de Dios. La única solución es arrepentirnos de nuestra disimilitud. Tozer lo compara con Pedro, quien, justo antes de negar al Señor, "le seguía de lejos" (Mateo 26:58). Pero después de su negación, se dio cuenta de cuán lejos estaba de su Señor, y "lloró amargamente" (26:75).

A decir verdad, muchos de nosotros estamos cómodos en esta condición: nos hemos acostumbrado a seguir a Jesús "de lejos". Es una patética forma de vivir. Necesitamos considerar seriamente la dolorida pregunta de Tozer: "¿Llora usted algunas lágrimas por su disimilitud?" (pág. 143).

PLAN DE LECCIÓN—Estudio grupal

Propósito: Ayudar a mis estudiantes a comprender la diferencia entre la presencia de Dios y su presencia *manifiesta*, y alentarlos a crecer en su deseo de tener comunión con Dios.

Introducción

1. Comience con oración.

2. Haga que alguien lea los pasajes de la Escritura que está al comienzo del capítulo (1 Reyes 8:27; Hechos 17:27–28; Salmo 139:7–10).

3. Comience pidiendo al grupo la definición de *inmanencia*. ¿En qué difiere de la *omnipresencia*?

4. Aunque sabemos que Dios siempre está cerca, nuestra percepción de su presencia puede variar. Pida a los estudiantes que realicen un gráfico (entregue papel y lápices si es necesario) mostrando cuán cerca se sintieron de Dios la semana pasada. (El gráfico es para la propia

referencia del individuo; no debe ser compartida con el resto de la clase).

Restauración de la compatibilidad moral

1. Lean Colosenses 3:10. Discutan lo que significa "revestirse del nuevo hombre".

2. Como cristianos tenemos que vivir por fe, no por sentimientos. Sin embargo, Tozer nos dice que deberíamos prestar atención al "sentimiento" de distanciamiento de Dios. ¿Es contradictorio esto? ¿Cómo hacemos ambas cosas? Discútanlo.

Ansia de Dios

1. Lean la cita de *La búsqueda de Dios* de la sección de estudio personal (*Guía de estudio*, pág. 80). Pregunte cómo se relaciona esto con nuestros sentimientos de distanciamiento de Dios.

2. ¿Qué estándar deberíamos usar para medir nuestra semejanza con Dios? [Cristo].

La santidad de Cristo

Tozer pregunta: "¿Es posible ser cristiano y ser impuro?" (pág. 136). Discútanlo.

La generosidad de Cristo

Pida respuestas a este comentario del estudio personal: "Nuestra autoindulgencia se evidencia en lo que gastamos nuestro tiempo y dinero. ¿Qué dicen, por ejemplo, nuestros hábitos de gastos, de nuestros deseos, de nuestras prioridades? (*Guía de estudio*, págs. 81–82).

El amor de Cristo

1. ¿Qué quiere decir Tozer cuando expresa: "Ponemos nuestra vida espiritual en un presupuesto" (pág. 137)?

2. Lean Cantar de los Cantares 5:2–6. Pregunte cuál es la actitud de la novia en el versículo 3; en el versículo 4; y en el versículo 6. Señale que el tono desesperado de este versículo ("Lo llamé, y no me respondió") no es el final de la historia, ¡y tampoco tiene que ser el final de nuestra historia!

Otras cualidades de Cristo

Enumere en una pizarra los cuatro atributos de Cristo que Tozer menciona en esta sección: bondad, perdón, celo y humildad. Pida a la clase que sugiera acciones específicas de sus vidas diarias que cambiarían si ellos fueran más como Cristo en esas áreas. (Podrían ser ejemplos el actuar más cortésmente con la familia y los amigos, ser más diligente en los devocionales diarios, etc.)

La semejanza no es la justificación

1. ¿Cuál es la diferencia entre ser regenerado y ser como Cristo?

2. ¿Por qué "nos acostumbramos" a estar distanciados de Dios? ¿Qué podemos hacer para salir de esa rutina?

Cierre

1. Antes de orar, invite a quienes tengan convicción de su disimilitud con Dios a que levanten la mano como una expresión de arrepentimiento. (No pida a la clase que cierre los ojos; el arrepentimiento debe ser algo público.)

2. Asigne el capítulo 9 como lectura para la clase de la próxima semana

3. Concluya en oración, recordando a los que han levantado las manos.

Capítulo 9
La santidad de Dios

Estudio personal

Materiales adicionales: Jonathan Edwards: "A Treatise Concerning Religious Affections" (Tratado de los afectos religiosos), en *The Works of Jonathan Edwards* (Obras de Jonathan Edwards), Vol. 2, ed. Perry Miller (New Haven: Yale Univ. Press, 1957); A. W. Tozer: *Worship: The Missing Jewel* (Adoración: La joya perdida). (Camp Hill, PA: WingsSpread Publishers, 1992).

Si hay un atributo de Dios que se ubica por encima de los demás, tiene que ser la santidad, Jonathan Edwards dijo: "Un verdadero amor de Dios debe comenzar con un deleite en su santidad, y no con un deleite en ningún otro atributo; pues ningún otro atributo es verdaderamente precioso sin este". Y sin embargo, ¿cómo desarrollamos un "deleite" en la santidad? Es un "suelo extraño" para nosotros las criaturas pecaminosas y caídas. Tozer encontraba difícil predicar al respecto, porque sentía que nunca podría hacerlo como el tema lo merece.

No podemos entender la santidad

Existe una dificultad dual en comprender la santidad de Dios. Junto con el desafío intelectual de comprender a un Dios infinito, debemos luchar además con nuestro propio sentido de vileza al contemplar a un Dios infinitamente santo. Fuimos hechos para ser santos como nuestro Creador, pero "somos seres caídos: espiritual, moral, mental y físicamente. Hemos caído en toda forma en que el hombre puede caer" (pág. 146). Y cada aspecto de la sociedad está caído junto con nosotros.

Si somos seres caídos en un mundo caído, ¿cómo podemos comprender la santidad de Dios? ¿Un pez sabe que está mojado? "Esta clase de mundo se mete en nuestros poros, en nuestros nervios, hasta que perdemos la capacidad de concebir lo santo" (pág. 147). Hasta nuestras palabras (pureza, excelencia moral, rectitud, honor, verdad, justicia) parecen inadecuadas para describirlo.

Las Escrituras usan la sugerencia y la asociación para describir la santidad de Dios, dice Tozer, porque el lenguaje es inadecuado. Lea Éxodo 19 y busque manifestaciones de Dios que sugieran o estén asociadas a su santidad.

Dos palabras para la santidad

Como señala Tozer, hay dos palabras principales para "santo" en el Antiguo Testamento: una que usualmente representa a Dios y a menudo se traduce como "el Santo", y una que generalmente es usada para describir cosas creadas (incluyendo a los humanos) y significa "santo por contacto o asociación (con Dios)". Estas dos palabras parecen sugerir que Dios puede impartir su santidad a su pueblo.

En el Nuevo Testamento la palabra para santidad literalmente significa "una cosa terrible [que causa terror]". Esto, dice Tozer, es lo que nos falta hoy en día. Bajo la influencia de la enseñanza humanista, nos "tomamos demasiadas libertades" con Dios; hemos perdido el sentido de su majestuosa santidad, su "cualidad terrible e inaccesible" (pág. 151). Sí, créase o no, esto proviene del mismo Tozer que en otro lugar nos llama a acercarnos a Dios en intimidad, como un niñito. ¿Está siendo contradictorio? En absoluto. En *Worship: The Missing Jewel* (Adoración: La joya perdida), Tozer explica esta aparente paradoja:

> La adoración, digo, se eleva o cae según nuestro concepto de Dios; por eso es que no creo en esos vaqueros convertidos a medias que llaman a Dios "el Hombre de arriba". No creo que ellos adoren en absoluto, porque su concepto de Dios es indigno de Dios e indigno de ellos. Y si hay una enfermedad terrible en la Iglesia de Cristo es que no vemos a Dios tan grande como es. Nos tomamos muchas libertades con Dios.
>
> La comunión con Dios es una cosa: el exceso de confianza con Dios es algo bastante diferente.

La ardiente santidad de Dios

El concepto de la presencia de Dios como "fuego consumidor" y "llamas eternas" (Isaías 3:14) es, debo confesar, un pensamiento abrumador para mí. Supongo, sin embargo, que tiene un propósito. Al citar varios pasajes de la Escritura que representan a Dios como fuego, Tozer está tratando de ayudarnos a ver más allá de la actitud poco seria que muchos tienen hacia Dios hoy en día. Carecemos de un respeto asombrado y lleno de temor reverencial por su santa majestad.

No somos los únicos. El Señor reprendió al pueblo de Israel, diciendo: "Pensabas que de cierto sería yo como tú"

(Salmo 50:21). C. S. Lewis se hace eco de la opinión de Tozer en un comentario en *Mero cristianismo*:

> Dios es el único consuelo, Él es además el supremo terror…Algunas personas hablan como si encontrarse con la mirada de la absoluta bondad de Dios fuera divertido. Necesitan pensar otra vez. Solamente están jugando con la religión.

¿Cómo podemos, nosotros que deseamos acercarnos a Dios, aproximarnos a la llama inaccesible? Hay una solución, nos dice Tozer. Si usted pone un trozo de hierro en el fuego, "el hierro aprende a vivir con el fuego absorbiéndolo, y empezando a resplandecer" (pág. 153). Esta es una ilustración común usada por los escritores medievales piadosos para explicar la obra del Espíritu Santo en el creyente, y otra vez, otra sugerencia de que Dios puede impartir su santidad a su pueblo.

La idea de Tozer de "la ardiente santidad de Dios" y su majestad inaccesible puede malinterpretarse fácilmente. Podemos malinterpretarla y pensar que Dios es demasiado "peligroso" para aproximarnos, así que no deberíamos intentarlo. La pura verdad es que Dios quiere que nos aproximemos a Él, ¡pero no podemos esperar salir ilesos de la confrontación! ¿Recuerda cómo Jacob salió de allí con una cojera crónica? La buena noticia es que lo único que realmente muere es nuestro pecado y egoísmo. Como dijo C. S. Lewis en *El león, la bruja y el ropero*: "Él no es un León domesticado, ¡pero es bueno!".

El Santo y el pecador

Tozer entonces fija sus ojos en el presuntuoso pecador, que cree que puede decidir *cuándo* querrá volver a Dios, o quien se vuelve a Dios solo para obtener algo de Él. Debemos darnos cuenta de con Quien estamos tratando cuando nos aproximamos a Dios. Si tuviéramos una mejor imagen de su terrible santidad, no descuidaríamos el arrepentirnos de esos pecados "pendientes". No insultaríamos su majestad viniendo a Él en oración con "una lista de compras". Él es el Dios que es "muy limpio... de ojos para ver el mal, ni puedes ver el agravio" (Habacuc 1:13), y "Por la misericordia de Jehová no hemos sido consumidos" (Lamentaciones 3:22).

La escritura más importante a la cual Tozer dirige nuestra atención es Hebreos 12:14: "Seguid... la santidad, sin la cual nadie verá al Señor". Él aduce que el creyente moderno no toma este versículo seriamente, porque tratamos de reinterpretarlo para que signifique otra cosa. Además nos justificamos diciendo que Dios "sabe que solo somos polvo".

Tozer no lo acepta, y nosotros tampoco deberíamos hacerlo. Adoramos a un Dios que es demasiado puro para ver el pecado, el Santo y terrible. Y nos ha dicho que seamos santos como Él es santo (Levítico 11:45; 1 Pedro 1:16). Una verdadera visión de su santidad nos haría vivir vidas de arrepentimiento para que nunca podamos tener nada entre nosotros y el Santo de Israel.

PLAN DE LECCIÓN—Estudio grupal

Propósito: Ayudar a mis estudiantes a captar una visión de la terrible santidad de Dios, y tomar conciencia de nuestra necesidad de vivir vidas santas también.

Introducción

1. Comience con oración

2. Haga que alguien lea los seis pasajes de la Escritura que están al comienzo del capítulo (Éxodo 15:11; Job 15:15, 25:5–6; Salmo 22:3; Proverbios 9:10; Isaías 6:3).

No podemos comprender su santidad

Pida a dos voluntarios que se aventuren a dar una definición de santidad. Luego lea el penúltimo párrafo de la página 147 del libro. ¿Por qué nos resulta difícil comprender la santidad?

Dos palabras para la santidad

1. Explique que hay dos palabras importantes para "santo" en el Antiguo Testamento: una que usualmente describe a Dios, y otra que usualmente significa "santo por asociación". Discutan lo que eso significa para nosotros en nuestra relación con Dios.

2. Discutan lo que Tozer quiere decir cuando dice que muchos cristianos "se toman demasiada confianza" con Dios. ¿Somos culpables de eso hoy en día? ¿Cómo concuerda esto con declaraciones previas de Tozer que nos llaman a acercarnos a Dios en una relación íntima?

La ardiente santidad de Dios

1. Discutan la imagen que Tozer presenta de Dios como fuego. ¿Cómo podemos ver a Dios como "fuego consumidor" y aun así acercarnos? ¿Cómo podemos verlo como "el supremo terror", como dice C. S. Lewis, y seguir deseándolo?

2. Lean el último párrafo de la página 153 (sigue en la pág. 154) del libro acerca de "el hierro en el fuego" y discutan

cómo ilustra eso la obra del Espíritu Santo en la vida de la persona.

El Santo y el pecador

Haga que diferentes miembros de la clase lean los siguientes versículos, en este orden: Habacuc 1:13; Lamentaciones 3:22; Hebreos 12:14; 1 Pedro 1:15–16. ¿Cómo se relacionan estos versículos con nuestro andar cristiano diario? ¿Qué dicen acerca de nuestras prioridades de cada día?

Cierre

1. Haga que la clase se reúna en oración al final del capítulo (pág. 161).

2. Asigne la tarea de leer el capítulo 10 para la clase de la próxima semana.

3. Cierre con oración.

Capítulo 10:
La perfección de Dios

Estudio personal

Materiales adicionales: Stanley Grenz y Roger Olson, *Who Needs Theology?* (¿Quién necesita la teología?). (Downers Grove, IL: InterVarsity Press, 1996); Larry Dixon, *Heaven: Thinking Now About Forever* (El cielo: Pensar ahora en lo eterno). (2002).

Tozer comienza este mensaje citando un solo versículo (Salmo 50:2) y señalando las tres palabras prominentes del pasaje: perfección, hermosura y Dios. Desde allí se lanza rápidamente a una crítica del cristianismo evangélico de los últimos cincuenta años. Este abrupto cambio de tema puede molestar a algunos lectores; después de todo, ¿qué tiene que ver esto con la perfección de Dios? Pero sea paciente; Tozer mostrará a su debido tiempo cómo esto se relaciona con el tema principal.

Mientras lee lo que Tozer tiene que decir acerca de "nuestras ganancias y nuestras pérdidas", recuerde que él habla a mediados de la década de 1950, de modo que, para él, "los últimos cincuenta años" son la primera mitad del siglo veinte. Como cristianos del siglo veintiuno, debemos decidir si su crítica se aplica también a nuestro pasado reciente.

Nuestras ganancias y pérdidas

Tozer identifica varias positivas ganancias que hemos disfrutado los evangélicos, incluyendo el incremento de la asistencia a la iglesia, más gente que se identifica como cristiana, el incremento del número de escuelas, universidades y seminarios, el drástico crecimiento de la literatura cristiana, el aumento de la popularidad del evangelio, mejor comunicación y grandes pasos en el evangelismo mundial. "No podemos negar", admite, "que se está haciendo mucho bien y que el evangelio está siendo propagado" (pág. 164). Sin embargo, agrega, hemos tenido una pérdida del "temor de Dios", que conduce a "ligereza y familiaridades hacia Dios".

Falta de conciencia de lo eterno

Tozer también identifica en la Iglesia una pérdida de la conciencia de lo invisible y lo eterno, la conciencia de la divina presencia y de la majestad divina. Se hace eco de lo mismo cuando describe el servicio de la iglesia evangélica promedio en *God Tells the Man Who Cares* (Dios le habla al hombre que está atento):

> En la mayoría de nuestras reuniones, hay apenas un rastro de pensamiento reverente, no se reconoce la unidad del Cuerpo, hay poco sentido de la divina Presencia, no hay momentos de quietud, no hay solemnidad, no hay maravilla, no hay temor santo. Pero frecuentemente hay un despreocupado o dinámico líder de alabanza lleno de bromas embarazosas, además de un moderador que anuncia cada "número" con el discursito de continuidad típico de la antigua radio en un esfuerzo por hacer que todo concuerde.

La verdadera adoración—en realidad, la esencia del cristianismo—es definida por Tozer como la "capacidad de hacer introspección y tener comunión con Dios en el lugar secreto, en el santuario profundo de su propio espíritu escondido" (pág. 166). Casi hemos perdido esta capacidad, dice él.

Ahora que usted ha oído la crítica de Tozer a la situación que había durante su vida, ¿qué piensa? ¿Podrá ser que describa certeramente *nuestras* ganancias y pérdidas de las últimas décadas? Me aventuro a sugerir que sí, porque Tozer aquí esta identificando un ciclo en el que la Iglesia parece caer continuamente.

Ganancias externas, pérdidas internas

El ciclo puede definirse así: Cuando nuestras ganancias son mayormente externas, comenzamos a tener pérdidas que son internas. Tozer no dice que nuestras ganancias externas han *causado* nuestras pérdidas internas, sino que es posible enfocarse en lo externo *en desmedro* de nuestra relación interior con Dios. La causa de nuestras pérdidas es más profunda: es una falta de reconocimiento de quién es Dios. "Creo que nunca podremos recobrar nuestra gloria", sostiene Tozer, "hasta que volvamos a ser llevados a ver la terrible perfección de Dios" (pág. 167).

¿No le dije? Puede tomar un tiempo, pero finalmente Tozer vuelve al tema principal, en este caso, la perfección de Dios. En este momento, Tozer comienza a analizar el atributo de la perfección, pero comienza presentando una aparente contradicción entre la perfección y la infinitud.

¿Qué es la perfección?

Si se define la perfección como "el grado más elevado posible de excelencia" (pág. 168), ¿cómo puede aplicarse eso a Dios si nada es *im*posible para Él? Perfecto significa tener todo lo que se supone que debe tener (un bebé es "perfecto" si tiene dos brazos, dos piernas, diez dedos en las manos, diez dedos de los pies, etc.) y nada de lo que se supone que no debe tener (¡ningún dedo *extra* en las manos o en los pies!). Pero, ¿cómo podemos aplicarle eso a Dios, que es infinito?

Pensamos en lo perfecto como una palabra *absoluta*, y concluimos que "nadie es perfecto, excepto Dios". Pero la Biblia usa perfecto como una palabra *relativa*, para comparar una criatura con otra. Dios no es una criatura y no puede ser comparado con nadie ni con nada. Entonces, ¿por qué la Biblia usa la palabra "perfecto" para referirse a Dios, además de a las cosas creadas? ¡Suena como si Tozer quedara arrinconado por este argumento!

Dios no conoce medida

Si usted recuerda lo que Tozer dijo en el capítulo sobre la infinitud de Dios acerca de que "Dios no conoce medida", esto comenzaría a tener más sentido. No podemos decir (estrictamente hablando) que Dios es "excelente", porque si algo se destaca, es en comparación con otra cosas, y Dios no es comparable con las criaturas finitas. "¿A qué, pues, me haréis semejante o me compararéis?" (Isaías 40:25). Dios es *incomparable*. Tozer sugiere que este puede ser el origen del mandamiento contra forjar imágenes en Éxodo 20:4.

A pesar de todo esto, Jesús usó la *misma palabra* para

perfecto tanto para Dios como para nosotros, cuando dijo que debemos ser perfectos como nuestro Padre del cielo (Mateo 5:48). ¿Por qué? Tozer dice que son las limitaciones del lenguaje y el pensamiento humano las que nos impiden concebir la plenitud y completud absolutas de Dios. Cuando decimos que un ser humano es perfecto, queremos decir que hace lo mejor que un ser humano puede hacer. Pero cuando decimos que Dios es perfecto, lo es sin restricción.

Aquí Tozer retorna al pasaje de la Escritura con el que comenzó: "De Sion, perfección de hermosura, Dios ha resplandecido" (Salmo 50:2). ¿Qué hacía a Sion tan perfectamente hermosa? Era "el Dios resplandeciente que moraba entre las alas de los querubines" (pág. 172). Porque la gloria *Shejiná* de Dios estaba allí, Sion era hermosa. Todas las cosas son hermosas cuando se acercan a Dios, y feas cuando se alejan.

Lo que honra a Dios es hermoso

Esto es lo que hace hermoso a un himno, aunque artísticamente pueda no ser tan pulido como alguna música secular: que honra a Dios. Es lo que hace hermosa a la Biblia. Es lo que hace hermosa a la teología.

La hermosura de la teología, sin embargo, puede ser difícil de ver para algunos creyentes. La palabra "teología", para muchos de nosotros, evoca visiones de escépticos en torres de marfil, forjando grandes argumentos contra la autoridad de la Escritura y toda fe genuina. Pero cuando consideramos que la teología, en su definición más simple y pura es "pensar acerca de Dios", nos damos cuenta de que todos practican teología. (Para una exposición excelente y fácil de leer sobre este tema, vea *Who Needs Theology?*

(¿Quién necesita la teología?), de Stanley Grenz y Roger Olson.) Tozer define a la hermosa teología de esta manera:

Es la mente de rodillas en un estado de apasionada devoción, razonando acerca de Dios, o debería serlo. Es posible que la teología se convierta en algo muy difícil y distante, y que podamos sacar a Dios de nuestra teología. Pero la clase de teología de la cual hablo, el estudio de Dios, es algo hermoso (pág. 173).

El cielo, agrega Tozer, "es el lugar de suprema belleza", porque "la perfección de la hermosura está allí" (pág. 174). Debemos revisar nuestras ideas acerca del cielo, dice Tozer, pensando y aprendiendo más acerca de él. Larry Dixon, en su libro *Heaven: Thinking Now About Forever* (El cielo: Pensar ahora en lo eterno), se hace eco de la plegaria de Tozer diciendo que los cristianos modernos hemos permitido que el cielo nos sea "robado" por las preocupaciones de este mundo.

Finalmente Tozer nos conduce a la suprema belleza: Cristo mismo.

La hermosura se centra en Cristo

La hermosura se centra en Cristo porque Él mismo es Dios, la fuente de toda hermosura. Esta es una belleza interna, no externa. El cielo es hermoso porque Jesús está allí. Y en el extremo opuesto de la escala, el infierno debe de ser la máxima fealdad e imperfección, porque está tan lejos de Dios.

Esto pone a la tierra a mitad de camino, donde vemos hermosura y fealdad a nuestro alrededor. Nuestra elección, la mayor elección que debemos realizar, es si pasaremos nuestras vidas buscando la hermosura o la fealdad.

Nada malo es hermoso

Nada que sea malo puede ser hermoso, concluye Tozer.

Es posible que algo impuro sea lindo o atractivo, hasta fascinante. Pero no es posible que sea hermoso. Solamente lo que es santo puede ser básicamente hermoso (pág. 176).

Cristo vino a salvarnos de la fealdad del infierno y llevarnos al cielo, el lugar de la perfección de la hermosura.

No hay nada maravilloso en el mundo

Es por eso que el mundo no tiene nada que ofrecernos, dice Tozer, porque solamente Dios es hermoso y maravilloso. Gastamos demasiado tiempo y esfuerzo en cosas mortales, cuando Dios quiere darnos su presencia.

¿De qué sirve toda nuestra ajetreada religión si Dios no está en ella? ¿De qué sirve si hemos perdido la majestad, la reverencia, la adoración, la conciencia de lo divino? ¿De qué sirve si hemos perdido el sentido de la presencia y la capacidad de replegarnos a nuestro propio corazón y encontrarnos con Dios en el huerto? Si hemos perdido eso, ¿por qué construir otra iglesia? ¿Por qué lograr más convertidos a un cristianismo decadente? ¿Por qué traer gente para que siga a un Salvador desde tan lejos que Él ya no los reconozca? (pág. 179).

Tozer termina este mensaje llamándonos a mejorar nuestro cristianismo elevando nuestro concepto de Dios, el cual era, si usted recuerda, su principal propósito al enseñar acerca de los atributos de Dios.

Si tengo un bajo concepto de Dios, mi religión solo puede ser un asunto barato y diluido. Pero si mi concepto de Dios es digno de Dios, entonces puede ser noble y digna; puede ser reverente, profunda, hermosa. Esto es lo que quiero ver una vez más entre los hombres. Ore de esta manera, ¿quiere hacerlo? (págs. 180).

Su oración final, la más extensa del libro, no es sino un ruego por avivamiento. Valdría la pena dedicar tiempo a leer esa oración, meditarla y hacerla.

PLAN DE LECCIÓN—Estudio grupal

Propósito: Ayudar a mis estudiantes a comprender la perfección de Dios y a desarrollar un concepto de Dios que sea digno de Él.

Introducción

1. Comience con oración.

2. Haga que alguien lea los pasajes de la Escritura que están al comienzo del capítulo (Éxodo 15:11; Job 15:15; 25:5–6; Salmo 22:3; Proverbios 9:10; Isaías 6:3).

3. Lean el Salmo 50:2 y pida a los estudiantes que identifiquen las tres palabras más importantes de este versículo (perfección, hermosura y Dios). Señale el cambio de tema de Tozer hacia una crítica de la Iglesia evangélica y explique que su propósito se verá con claridad más adelante. Recuérdeles que Tozer estaba criticando la Iglesia de la década de 1950.

Nuestras ganancias y pérdidas

Enumere en una pizarra las "ganancias" que Tozer menciona en las páginas 163–164 (una lista simplificada se halla en el estudio personal bajo este subtítulo [*Guía de estudio*, pág. 98]). Luego compare las ganancias de la década de 1950 con nuestras ganancias de hoy en día. ¿Hay otras que Tozer podría mencionar si estuviera aquí hoy?

Falta de conciencia de lo eterno

1. Ahora enumere en la pizarra las "pérdidas" que Tozer identifica en las páginas 164–166 (enumeradas también en el estudio personal bajo este subtítulo [*Guía de estudio*, págs. 98–99]). Pregunte a la clase si esto refleja con exactitud a la Iglesia de hoy, así como a la de la década de 1950.

2. Lea la definición de adoración de Tozer (citada en el estudio personal bajo este subtítulo [*Guía de estudio*, pág. 99]). ¿Es esta una definición exacta de adoración? Sobre la base de esta definición, ¿cuánta adoración tiene lugar en el servicio de la iglesia promedio?

Ganancias externas, pérdidas internas

Discuta con la clase cómo se relacionan las prioridades externas con las prioridades internas en el Cuerpo de Cristo. Las ganancias externas ¿*deben* estar acompañadas de pérdidas internas? ¿Cómo podemos tener ambas? (Ayude a su clase a llegar a la conclusión de que concentrarnos en nuestra relación interna con Dios usualmente resultará en un crecimiento externo, pero que concentrarnos en el resultado externo por lo general conducirá a pérdidas, tanto interna *como* externamente). Presente la siguiente sección diciendo que el antídoto de Tozer para la pérdida del sentido de la presencia interior de Dios es una visión correcta de las perfecciones de Dios.

¿Qué es la perfección?

Pida a los estudiantes que propongan una definición de perfección. (Remítase al estudio personal si se quedan atascados [*Guía de estudio*, pág. 100].) Discutan la declaración de Tozer acerca de que perfección es "una palabra relativa... que solamente se aplica a las criaturas" (págs. 168–169).

Dios no conoce medida

1. Lea para la clase los últimos dos párrafos en la página 4 (sigue en la pág. 5) del libro, que explican lo que Tozer quiere decir al expresar que "Dios no conoce medida". Discutan cómo se relaciona esto con las palabras "perfección" y "excelencia". ¿Cuál es la explicación de Tozer para el uso que hace la Biblia de estas palabras para referirse a Dios?

2. Lean otra vez el Salmo 50:2. Discutan la siguiente declaración del estudio personal: "Todas las cosas son hermosas cuando se acercan a Dios, y son feas cuando se alejan" (*Guía de estudio*, pág. 101).

Lo que honra a Dios es hermoso

1. Pregunte a la clase qué piensan de la definición de teología de Tozer: "La mente de rodillas en un estado de apasionada devoción" (*Guía de estudio*, pág. 102). ¿Es esta su experiencia de pensar y aprender acerca de de Dios?

2. Analicen la opinión de Tozer de que necesitamos "repensar todo nuestro concepto del cielo" (pág. 173). ¿Cuáles son algunos de los conceptos erróneos que las personas tienen respecto al cielo? ¿Cómo volvemos a un concepto correcto de nuestro hogar eterno?

La hermosura se centra en Cristo

Tozer dice que el cielo es la perfección de la hermosura y el infierno la suprema fealdad, con la tierra en algún lugar del medio. Discutan lo que él quiere decir con "hermosura". ¿Cuál es nuestra responsabilidad respecto a la mezcla de hermosura y fealdad en la tierra?

Nada malo es hermoso

Discutan el comentario de Tozer de la página 176 de que las cosas impuras no pueden ser hermosas (citado en el estudio personal bajo este subtítulo [*Guía de estudio*, pág. 103]) ¿Cómo algo puede ser "lindo", "atractivo" o "fascinante" sin ser hermoso?

Nada maravilloso hay en el mundo

Tozer quiere decir en este punto que con frecuencia nos enamoramos demasiado de las cosas del mundo como para acercarnos más al Señor. ¿Qué podemos hacer para ser libres de nuestro deseo de cosas?

Cierre

1. Lean la oración de Tozer que está al final del capítulo. Pida a los miembros de la clase que levanten la mano si desean orar por una nueva visión de Dios en su hermosura.

2. Explique que la clase de la semana próxima será una revisión de todo el libro.

3. Concluya con oración, recordando a quienes levantaron las manos.

Revisión

Esta lección está diseñada como una revisión al final de su estudio. El propósito es simplemente discernir qué impacto han tenido las lecciones en usted (o en sus estudiantes, si este es un grupo de estudio) y revisar una vez más los puntos principales.

Tiempo de testimonios

La mejor revisión podría ser determinar lo que usted ha obtenido de este estudio. Si hace un estudio individual, escriba sus pensamientos en un diario. Si es un estudio grupal, háganlo en una discusión grupal. Comparta una lección significativa que el Señor le ha enseñado, o lo más importante que ha aprendido a través de este estudio. Permítase tanto tiempo como necesite para este valioso ejercicio.

Revisión

Siéntase en libertad de enfatizar los puntos que considere más necesarios. Lo que se provee en esta revisión son solamente los principales puntos de cada capítulo visto y algunas afirmaciones, preguntas o versículos relacionados con cada punto.

Capítulo 1: La infinitud de Dios

- "Todo lo que Dios es, lo es sin límites ni fronteras" (pág. 4).

- ¿Es mi concepto de Dios demasiado pequeño? ¿Es digno del Dios a quien sirvo? ¿Cómo podría afectar la manera en que vivo una visión mayor de Dios?

- Reflexione sobre Colosenses 3:1–3 a la luz de esta cita de Tozer: "El cristianismo es una puerta hacia Dios. Y entonces, cuando usted entra en Dios, 'con Cristo en Dios', está en un viaje hacia lo infinito, a la infinitud. No hay límites ni lugar para detenerse" (pág. 3).

Capítulo 2: La inmensidad de Dios

- El hombre que tiene fe verdadera más que fe nominal ha encontrado una respuesta correcta a la pregunta: "¿Cómo es Dios?".

- Dios es tan inmenso que el universo no puede contenerlo. Aunque está en todas las cosas, Él no está confinado a ni es contenido por su creación. En vez, Él lo contiene. Medite en Isaías 40.

- "Usted fue hecho a imagen de Dios, y nada que sea menos que Dios podrá satisfacerlo" (pág. 29). ¿De qué manera depende usted de las cosas del mundo para ser feliz? ¿Podría su fe sobrevivir a la pérdida de todas las cosas?

Capítulo 3: La bondad de Dios

- Si Dios es bueno, es infinitamente bueno. Así que aunque poseemos (al menos una persona redimida) la capacidad de ser buenos, no debemos confundir eso con la infinita, inmutable bondad de Dios.

- La capacidad de Dios para simpatizar y empalizar con nosotros se encuentra en Hebreos 2:17–18 y 4:15–16.

- "Jesús es Dios. Y Jesús es el hombre más bondadoso que haya vivido en esta tierra" (pág. 49). No podemos mirar la bondad humana y esperar hacernos una idea de cómo es la bondad de Dios. Todos los ejemplos humanos palidecen en comparación.

- Dios quiere que nos complazcamos en Él. Tozer nos advierte: "Hagamos a un lado todas nuestras dudas y confiemos en Él" (pág. 52).

Capítulo 4: La justicia de Dios

- "La justicia es indistinguible del juicio en el Antiguo Testamento" (pág. 56). La palabra hebrea para juicio/justicia tiene implícito el significado de "igual" o "equidad". Vea Ezequiel 18:25.

- Anselmo formula la pregunta: "¿Cómo perdonas al malvado si tú eres justo?". Tozer dice que la respuesta a esta pregunta se encuentra en la unidad de Dios, la pasión de Cristo y la naturaleza inmutable de Dios.

- Aunque castigar a los malvados es justo porque así obtienen lo que se merecen, perdonar y justificar a los malvados también es justo, "porque es congruente con la naturaleza de Dios", los atributos de Dios de compasión y misericordia (pág. 68).

Capítulo 5: La misericordia de Dios

- Tozer dice que misericordia significa "inclinarse bondadosamente hacia alguien inferior, sentir piedad por alguien y ser activamente compasivo" (pág. 75) (vea el Salmo 103:8–17; 2 Corintios 1:3; Santiago 5:11; 2 Pedro 3:9).

- La misericordia de Dios es un desbordamiento de su bondad, su "urgencia por otorgar bienaventuranza" (Isaías 63:7–9; Ezequiel 33:11).

- "Sumerjámonos en la misericordia de Dios y conozcámosla" (pág. 90). ¿Por qué? ¡Porque la necesitamos!

Capítulo 6: La gracia de Dios

- "La gracia es la bondad de Dios confrontando el demérito humano" (pág. 92).

- Lea Juan 1:17 y luego lea Éxodo 33:13 y 17. ¿Dios trata con Moisés basándose en la gracia, o no?

- Nadie fue ni nadie será salvo, excepto por gracia; y la gracia siempre viene de Jesucristo. Lea el Salmo 130:3.

- Para conocer la inmensurable gracia de Dios, debemos "pasar bajo la sombra de la cruz" (pág. 101). La gracia de Dios, liberada en la cruz, es un misterio (1 Timoteo 3:16).

Capítulo 7: La omnipresencia de Dios

- Dios está cerca en todo lugar, de todo y de toda cosa; Dios no tiene límites y Dios no tiene tamaño (Jeremías 23:24).

- Dios está siempre *precisamente ahí*. Así que ¿por qué pensamos que está tan lejos? Porque nuestro pecado nos hace disímiles de Él en nuestra naturaleza moral. Efesios 2:1–3 y 4:17–19 identifican este sentimiento de "estar lejos" como *separación*.

- Jesús murió en la cruz por nuestros pecados, reconciliándonos con Dios (2 Corintios 5:19). Al poner su naturaleza dentro de nosotros (2 Pedro 1:4), Dios ha removido la disimilitud, así que podemos volver a gozarnos en su presencia consciente.

Capítulo 8: La inmanencia de Dios

- "Dios mora en su universo y sin embargo el universo mora en Dios" (pág. 128). La presencia de Dios penetra y permea el universo (Hechos 17:28).

- Si la presencia de Dios penetra y permea el universo, ¿por qué no sentimos su penetrante presencia en todo momento? ¿Porque somos como un hombre que se muere de inanición sentado frente a un banquete?

- De lo que tenemos ansia es de una *manifestación* de la presencia de Dios, un ansia que debemos *cultivar*, no ignorar. Esta ansia de estar *cerca* de Dios es un anhelo de ser *semejante* a Él. No nos conformemos con nuestra desemejanza con Dios, sino que anhelemos ser como Cristo.

Capítulo 9: La santidad de Dios

• Como seres caídos en un mundo caído "perdemos la capacidad de concebir lo santo" (pág. 147). Es por eso que Dios usa la sugerencia y la asociación para describir la santidad. Lea Éxodo 19 y busque manifestaciones de Dios que sugieran o estén asociadas a su santidad.

• Nos falta un terrible, completamente formidable respeto por la majestad de Dios (Salmo 50:21).

• Una verdadera visión de la santidad divina puede hacer que vivamos vidas de arrepentimiento pues nunca podría haber habido nada entre nosotros y el Santo de Israel (Habacuc 1:13; Lamentaciones 3:22; Hebreos 12:14).

Capítulo 10: La perfección de Dios

• Lea el Salmo 50:2 y piense acerca de la relación entre las tres palabras prominentes del pasaje: perfección, belleza y Dios.

• Es posible concentrarnos en asuntos externos descuidando nuestra relación interior con Dios. Dedicamos mucho tiempo y esfuerzo a las cosas mortales, cuando Dios quiere darnos su presencia.

• Todas las cosas son bellas cuando se acercan a Dios, y feas a medida que se alejan de Él.

• "Si tengo un bajo concepto de Dios, mi religión solo puede ser un asunto barato y diluido. Pero si mi concepto de Dios es digno de Dios, entonces puede ser noble y digna; puede ser reverente, profunda, hermosa" (pág. 180).

Conclusión

- Esta cita del capítulo 3 resume completamente lo más importante de *Los atributos de Dios volumen I*:

  El cristianismo de cualquier época ha sido fuerte o débil dependiendo de su concepto de Dios. E insisto en lo que he dicho muchas veces: el problema básico de la Iglesia de hoy es su indigna concepción de Dios (pág. 38).

- Cierre con oración, pidiendo que este estudio pueda ayudar a cada persona a tener un concepto más digno de nuestro grande y maravilloso Dios.